ITINERARIOS
BARCELONA-PERPIÑÁN

CRÓNICAS NO AUTOCOMPASIVAS DE UN
JOVEN LIBERTARIO EN EL EXILIO

COLOSSUS
24

CALUMNIA
2026

**Legu, kopiu, diskonigu, reverku,
kantu, muzikigu, kriu, recitu
ĉi Libron, Diskonigu la Ideon!**

Llegiu, copieu, difoneu, reescriviu,
canteu, musiqueu, crideu, reciteu
aquest Llibre, Difoneu la Idea!

Itinerarios Barcelona-Perpiñán
Crónicas no autocompasivas de un joven libertario en el exilio
Texto: Jordi Gonzalbo
Traducción: M.ª Antonia Ferrer, Barcelona
Edición: Jordi Maíz | Raúl Montilla Torres

[Edición revisada, corregida y aumentada a partir de la segunda edición francesa de 2018: *Itinéraires Barcelone-Perpignan. Chroniques non misérabilistes d'un jeune libertaire en exil*. Atelier de Création Libertaire, Lyon]

Colección Colossus, n. 24, 13x18 cm, 285 p., 2026.

CALUMNIA EDICIONS
info@calumnia-edicions.net

febrero de 2026
ISBN 979-13-991244-2-2
DL: M-00062-2026

JORDI GONZALBO

ITINERARIOS
BARCELONA-PERPIÑÁN
CRÓNICAS NO AUTOCOMPASIVAS DE UN JOVEN LIBERTARIO EN EL EXILIO

PREFACIO

De 2008 a 2011 acompañamos a Jordi Gonzalbo en sus *Itinerarios no elegidos*[1], después *elegidos*, desde su Barcelona natal a su ciudad de adopción, Perpiñán. Gracias a los compañeros del Atelier de Création Libertaire, estos relatos están hoy reunidos, revisados y ampliados por Jordi, y con algunas notas de nuestra cosecha.

Jordi, hijo de anarquistas barceloneses, pasa a Francia en la primavera de 1937 con Lucía, su madre, Montserrat, su hermana y Titi[2], el perro hallado en el frente de Aragón.

Con la gracia de un relato en primera persona se refleja lo trágico de la situación que vivieron en Francia esos españoles que no sólo habían desafiado al fascismo

---

01. Redactados entre 2002 y 2004, los *Itinerarios* de Jordi se han publicado por primera vez en nuestra página web: http://www.gimenologues.org/spip.php?article332 y http://gimenologues.org/spip.php?article487

02. Se encontrará su biografía y su trayectoria política en el Anexo A «Mi perro de Aragón».

y al capitalismo, sino también obtenido de esta experiencia la fuerza y la voluntad de continuar la lucha durante años, allí donde estuvieran.

Fueron mal recibidos por el Estado francés, como es sabido. ¿Es sorprendente?

[...] era preciso prevenirse sobre el exilio. Nada aconsejaba al optimismo: nuestro exilio sería duro, muy duro. La burguesía francesa nunca nos perdonaría los malos ratos que le habíamos hecho pasar. [...] «Acordaos —dijo [Germinal de Sousa]— cómo se comportó la burguesía francesa con los comuneros parisinos en 1871. No, no os hagáis ilusiones: se nos negará la sal y el agua, y nuestros compañeros franceses nada podrán hacer para evitarlo».[3]

Tal era el sentimiento expresado por Germinal de Sousa el 15 de enero de 1939 en la última reunión del Movimiento libertario, poco antes de la caída de Barce-

---

03. Declaración citada de memoria por Abel Paz en su *Viaje al pasado*. Se pueden leer los últimos capítulos del testimonio del, entonces, joven libertario para comprender las circunstancias de la caída sin combate de Barcelona en enero de 1939 (Abel Paz, *Viaje al pasado (1936-1939)*, Fundación Anselmo Lorenzo, Madrid, 2002, pág. 286).

lona. Si las humillaciones y las vicisitudes de la terrible retirada de principios de 1939 pudieron ahorrárselas, Lucía y Jordi pudieron vivirlas directamente en el hospital Saint-Louis de Perpiñán.[4]

Todos los voluntarios, entre los que estaba mi madre, se implicaban a fondo las 24 horas del día. Se consolaba a los refugiados, se reunía a las familias en la medida de lo posible (los padres y maridos estaban ya «de vacaciones» en las playas del litoral) y eran enviadas a distintos lugares del país. Mi hermana y yo, a nuestro aire, estábamos en la misma situación, dormíamos sobre la paja, sobre los bancos, perforábamos los mismos botes de leche concentrada, compartíamos la vida cotidiana de todos.

04. «El hospital Saint-Louis de Perpiñán acogió hombres, mujeres y niños: españoles, ciudadanos del Reich, de Europa Central y de América Latina, de febrero de 1939 a noviembre de 1941. Fue otra vez utilizado en marzo de 1942. El lugar estaba vinculado a los campos de Argelès, Barcarès y Saint-Cyprien». Fuente: https://www.cheminsdememoire.gouv.fr/fr/camps-dans-les-pyrenees-orientales-66

Ver también http://www.ajpn.org/internement-Hopital-Saint-Louis-219.html

Habían visto a miles de hombres, mujeres y niños pasar por las carreteras, derrotados, aplastados, pero orgullosos, «tan sólo asombrados de que el mundo no apreciara su lucha. Cada paso los salvaba de la represión, pero los alejaba de su sueño, aunque sin destruirlo», constata Jordi, que añade:

El éxodo engendra siempre un sentimiento de injusticia, y para los refugiados españoles se añadió otro, el de haber sido abandonados por las democracias y sobre todo por el pueblo de izquierdas; y el de no haber podido llevar a cabo la transformación en profundidad de la sociedad española. Después de 1945, el exilio, que no estaba en su mente más que provisionalmente, se hizo definitivo; sin embargo, su combate contra el franquismo no cesó durante el resto de su existencia. Para ellos la integración no tenía sentido, aún soñaban con una España que ya no existía.

Tampoco se encontrará en este libro un retrato autocompasivo de los «vencidos», aunque lo han sido de diversas maneras, y no sólo por las tropas de Franco. Pero la mayoría de ellos y algunos de sus hijos han continuado como han podido combatiendo contra el franquismo en Francia —los ojos puestos en el Interior— luego en la

Resistencia, después de la Liberación, en apoyo de los maquis españoles como «pasadores de esperanza».[5]

En estos años 1947 y 1948, compartimos repetidas veces nuestro apartamento con un grupo de acción que realizaba sus actividades en «el Interior» [en España], y después volvía a ponerse a cubierto. Los prisioneros políticos y los grupos libertarios que intentaban sobrevivir y agruparse en la clandestinidad tenían una imperiosa necesidad de ayuda. Muchos fueron los compañeros del exilio que dejaron su vida y, en el mejor de los casos, su libertad, tras las acciones en España. Aunque joven, yo había frecuentado a más de uno en el local de la CNT.

Miembro de la CNT toda su vida —al menos desde la salida del convento—, Lucía decía siempre, evocando las jornadas de julio de 1936, que lo que habían vivido era intenso y valía la pena, a pesar de todo lo demás; que pocas personas conocían eso en toda su vida. Cuando se ha participado en la lucha por Barcelona durante años, no

---

05. Según el título de la obra de Guillaume Goutte: *Passeurs d'espoir. Les réseaux de passage du Mouvement libertaire espagnol (MLE) 1939-1975.* El tercer capítulo trata de las actividades de paso fronterizo de las Juventudes Libertarias (1961-1975), y evoca mayoritariamente las del grupo de Perpiñán. En él figura una entrevista con Jordi y Jeanine Lalet.

se consigue vivir una vida sin objetivo colectivo. Lucía y otros prolongaron el sueño igualitario en la vida práctica: la experiencia de la colonia de Aymare marcó durante unos quince años la historia del exilio libertario español.[6]

El principal trabajo de información sobre las actividades transfronterizas y sobre la guerrilla urbana impulsada en España por miembros de las Juventudes Libertarias fue realizado por Antonio Téllez, que también formaba parte. A la muerte de Francisco Sabater (5 enero 1960), Antonio se consagra a la historia de los grupos de acción. Para una aproximación a la cuestión, se puede también leer el texto de Daniel Pinós, «*El Quico» Sabaté et los Bandoleros: la guérilla urbaine libertaire en Espagne, 1945-1963*: https://www.lavozdelarepublica.es/2021/12/maquis-la-guerrilla-urbana-en-espana.html

06. Entre autogestión y autoproducción, la colonia de Aymare, una granja del Quercy con más de cien hectáreas de terreno, había sido comprada por la CNT española y la SIA (Solidaridad Internacional Antifascista) en 1939. Al principio tuvo que ayudar a los anarquistas exiliados a salir de los campos donde estaban encerrados: con un empleo fijo o ficticio podían conseguir papeles y encontrar a sus familias. En 1948, Aymare se convirtió en una colectividad agrícola siguiendo el modelo de lo que se había llevado a cabo en España. Una emisora de radio dirigida a España se instaló allí rápidamente. Pero sobre todo acogía a ancianos, inválidos, mutilados que allí podían vivir dignamente. Todos trabajaban en la medida de sus posibilidades, lo obtenido de la tierra y del huerto se consumía en común.

Para saber más se puede consultar el trabajo de Michel Antony: https://autogestion.asso.fr/la-colonie-daymare-1939-1967/

Jordi añade acerca de su generación:

Cuando el trauma humano, político y pasional que fue el éxodo perdió intensidad, nosotros los niños sufrimos, por parte de algunos estúpidos, vejaciones, sarcasmos e insultos que son a menudo la suerte de todos los emigrados. Después nos integramos en la escuela y, al cabo de algún tiempo, muy listo habría de ser quien pudiera adivinar qué alumno era francés y cuál no lo era.

Más tarde llegó la hora de la elección de la nacionalidad española o francesa; bastaba con hacer el servicio militar en uno de los dos países. Pero oficialmente nosotros éramos apátridas. Esta especie de integración total tenía un precio, la indiferencia o el rechazo de lo vivido. Para algunos no era cuestión de cambiar el mundo sino de hacerse un hueco. Para otros, de quienes formábamos parte, la integración era un proceso natural pero que no se quería por castrante. Habíamos hecho nuestras las aspiraciones de nuestros padres: ellos se

---

y las páginas 54-57, 64 y 65 de la obra de Vicente Martí, publicada por el Atelier de Création Libertaire, gran amigo de la familia Gonzalbo. Vicente se ha dedicado intensamente a esta granja y a la organización de los campings militantes de las Juventudes Libertarias que se celebraron allí durante varios veranos.

burlaban de las nacionalidades y de las fronteras. A nosotros el estatuto de apátrida no nos molestaba y además nos libraba de las obligaciones militares. ¿Por qué razón íbamos a perder parte de nuestra vida marcando el paso para guerras que no eran las nuestras?

En el sector de la construcción donde trabajó como albañil enlosador asalariado, Jordi fue promovido un día a jefe de obra:

Al principio me interesé, no por la bonificación que aumentaba mi salario, sino para probarme que estaba a la altura del reto, dirigir un equipo, respetar los plazos sin atosigar a nadie. Este equilibrio estaba basado en una mejor organización del trabajo adornada con una pizca de psicología, pues debía dar órdenes a albañiles que me doblaban la edad. Sólo había una manera de actuar: conjugar su experiencia y mi visión teórica del trabajo a hacer. En otros términos, tener un espíritu de equipo en el que cada una aportara su contribución. Era igual con la mano de obra de origen norteafricano: se trataba de sacarla de su papel pasivo y dejarle parte de iniciativa personal. [...] Comprendí pronto que manipulado muy hábilmente y con suavidad, yo estaba entrando poco a poco en el sistema y qué fácil era dar ese paso como ya lo habían hecho algunos de mis jóvenes camaradas. Puse fin al experimento con gran asombro de mi patrón y dejé la empresa.

Aunque solicitado a menudo evité otras experiencias del mismo tipo. Era difícil hacer comprender a mis colegas de obra que había que trabajar para vivir y no vivir para trabajar, y que había otras muchas cosas que hacer más «enriquecedoras».

Algunos años más tarde, como artesano, Jordi evidentemente rehusó contratar a ningún empleado... Como dice él mismo, no se crece impunemente desde la infancia en una comunidad rebosante de ideas generosas sin impregnarse.

Después de los escritos de Octavio Alberola, de Vicente Martí[7] y los de otros protagonistas como Salvador Gurucharri y Tomás Ibáñez, los *Itinerarios* de Jordi contribuyen a la historia de la Federación Ibérica de Juventudes Libertarias (FIJL). Nos dan la oportunidad de aproximarnos a la vida cotidiana de un grupo de afinidad de jóvenes (y no tan jóvenes) libertarios españoles

---

07. En interesante releer su narración a la vez que la de Jordi, que escribió estas líneas en junio de 2006, cuando Vicente murió: «Teníamos la misma afición por un romanticismo que con el tiempo podría parecer anticuado. Sin embargo, por nuestro compromiso vacilante, haciendo equilibrios entre lo que sería eficaz y lo que podíamos permitirnos, nos esforzábamos en encontrar la cuadratura del círculo».

de Perpiñán, cuya actividad se centrará, en los años sesenta, en el paso tras los montes de compañeros, de propaganda y de material explosivo:

No se trata de evocar recuerdos respetando la cronología exacta ni de un análisis en profundidad de los acontecimientos en los que participamos, con nuestros escasos medios, sino de ofrecer otra perspectiva de la manera en que conseguimos aportar nuestra parte al esfuerzo común, con recursos, con imaginación y con mucha suerte. [...]

En el seno del grupo había una confianza absoluta. Las reuniones de trabajo eran laboriosas, en el buen sentido del término, y las decisiones a veces difíciles de tomar. Éramos rigurosos hasta el punto de hacer un acta de cada reunión. [...] Sin embargo estábamos lejos de ser militantes puros y duros, éramos indulgentes y propensos al buen humor. Sin darnos cuenta totalmente, funcionábamos como lo que éramos realmente: un grupo de afinidad que no se preocupaba por protocolos que aún se daban en nuestros medios.

Si a nivel de los grupos locales, la vida militante no se disociaba de las relaciones de amistad o familiares, en el seno de la gran familia del Movimiento Libertario Español (MLE) las relaciones fueron más que tensas entre CNT-FAI y FIJL pues la dirección de la CNT en el exilio, paulatinamente inclinada a la idea de la ineficacia de la lucha armada, decidió cambiar de rumbo. Si en 1961 pareció adoptar una nueva línea ofensiva, fue para controlarla mejor, para sabotearla. La Confederación sólo salió de su inmovilismo para llevar a cabo una caza de brujas entre sus propios militantes.

En el curso de los años de exilio, el MLE, que había sido tan dinámico y entusiasta, se transformó en una comunidad replegada en sí misma que no había sabido o querido adaptarse a las difíciles condiciones del exilio. La CNT era una central sindical sin práctica sindical. [...] No comprendíamos que el movimiento libertario no estuviera presente cuando, a principios de los años sesenta, nuevas generaciones que no habían conocido, o muy poco, la guerra ni sus consecuencias directas, se oponían al régimen, con huelgas o con acciones violentas que pretendían ser revolucionarias.

[...] Localmente, las relaciones con el comité CNT eran muy frías. Nuestro radicalismo, que exigía una coherencia entre decir y hacer, ponía a la CNT y la FAI en una posición incómoda. Algunos militantes de base estaban divididos entre una simpatía evidente por la acción que nos esforzábamos en llevar a cabo —y que no estaba en el fondo muy alejada de la que fue la suya muchos años antes— y las advertencias que emanaban del Comité de la CNT, garante de la ortodoxia.

A pesar de los fracasos, las tragedias, los compañeros ejecutados a garrote, o engullidos en las cárceles franquistas, las luchas internas, Jordi, como tantos otros, no se arrepiente nada de su compromiso del que no teme explorar todas las facetas:

Algunos camaradas nos han preguntado por qué razón la FIJL había decidido entrar en guerra frontal contra el franquismo en un combate perdido de antemano, sobre todo con los escasos medios de que disponíamos. [...] Es evidente que la militancia a ese nivel era apasionante, a pesar de los riesgos que corríamos, pues daba la impresión de poner en práctica palabras y frases, de ser un elemento de la cadena de solidaridad y de fraternidad que era la familia libertaria. [...] Indudablemente esta acción era mucho más movilizadora y romántica que la sola militancia sindical y social que hubiéramos podido desarrollar en cualquiera de los países europeos en el que el exilio nos había diseminado.

En realidad, era impensable para nosotros permanecer al margen, preocupados sólo por nuestro futuro personal, opción que tomaron tantos jóvenes refugiados de nuestra edad. El compromiso era pues inevitable... Si nuestra presencia ha permitido o facilitado la transición entre la vieja generación libertaria y la presente, nuestro idealismo no habrá sido inútil.

Precisamente es por las actividades y la forma de vivir de hombres como Jordi, Vicente y tantos otros que hemos conocido o conocemos personalmente por lo que la corriente libertaria ha transcurrido sin interrupción, y cargada de buen humor, lo que es aún mejor.

Los Gimenólogos

ADVERTENCIA

Las notas de los Itinerarios no elegidos y de los Itinerarios elegidos son del autor; las de los Gimenólogos están situadas al final de cada uno de esos dos capítulos.

Todas las notas del tercer capítulo *Lucía y José* son de Los Gimenólogos.

PRÓLOGO

Cuando se alcanza una edad respetable y se es consciente de que el futuro está hecho de días sin perspectiva, algunos sienten la necesidad de detenerse un momento, de echar una mirada teñida de melancolía sobre lo que ha sido su trayectoria de vida.

Para algunos, es simplemente un ida y vuelta, sin duda breve; lo hecho, hecho está, por lo tanto, es inútil darle vueltas a lo que hubiera podido, o debido, ser. El presente es ya tan difícil de afrontar...

Para otros, la situación es distinta, sobre todo cuando su infancia ha estado jalonada de acontecimientos digamos poco comunes, padecidos, pero no elegidos. Contarlo se convierte en una necesidad (comprender los porqués y los cómo) tanto como un placer. Sobre todo, porque los recuerdos escondidos en desorden en alguna parte de la mente sienten repentinamente la necesidad de salir de su hibernación, insisten, se vuelven apremiantes.

Tentado, pero no del todo convencido de ser capaz de llevar a cabo tal tarea con sólo el certificado de Estudios primarios al hombro, podía dudar de dar el paso. Pero me he lanzado a la aventura hace ya algunos años. ¿La razón de esta osadía? El placer de contarlo, el deseo de dejar constancia, de volver sobre una época agitada; intentar comprender, volver a ver rostros que ya no están, revivir situaciones, recuperar sensaciones. Las razones son múltiples. Cuando nos invade la melancolía...

A decir verdad, fue menos difícil de lo que temía. Bastó abrir de par en par la puerta del baúl de los recuerdos para que estos despierten y se lleven temores y dudas a su paso. Lo más difícil fue poner en orden, acotar, evitar la dispersión y conseguir que el testimonio fuera coherente.

Jordi, 2011-2012

PRIMER CAPÍTULO
ITINERARIOS NO ELEGIDOS

PASO DESENCANTADO DE LA FRONTERA

Para ser una decepción, lo fue, e importante, la de constatar en esa tarde de finales de la primavera de 1937, en el puesto fronterizo de Le Perthus, que los franceses que nos «recibían» no se ajustaban a la idea que yo me había hecho de ellos.

Personas vestidas como tú y yo: ni el menor gorro frigio a la vista; nada de chicas guapas torturadas no por *sans-culottes* feroces y bigotudos, sino por tiránicos corsés que sacan el pecho fuera del corpiño. Nada se ajustaba al libro que había hojeado en Barcelona, lleno de imágenes de la Revolución francesa que olían a pólvora y resonaban aún del ruido y furor de los *sans-culottes*, que «liberaban de la Bastilla» a diestro y siniestro y a cañonazos.

En cambio, los gendarmes estaban muy presentes; mostraban un aspecto reluciente propio de personas bien alimentadas, que contrastaba con el de mis compatriotas, que los años de guerra y privaciones habían inmunizado contra el sobrepeso. Desde la altura de mis siete años, estos representantes de la autoridad me parecían inmensos; vestidos de azul marino, ceñidos por correas de cuero negro, entre el cuello de la guerrera y la gorra: sólo el rostro claro u oscuro permitía distinguirlos.

Miradas inquisitivas suplían las palabras que, familiares o extrañas, se atropellaban en el umbral de la comprensión. El tampón, maltratando los pasaportes, un *allez! allez!* estruendoso, y nosotros allí, mi madre, mi hermana, nuestro perro y yo, listos, una vez cruzada la línea, para pasar a un mundo que no era el nuestro y que llegaría a serlo. Mientras tanto, tomamos asiento en el bus dirección a Perpiñán.

Sin duda, nos fuimos a Francia porque mi madre quería ponernos a salvo de los bombardeos de Barcelona. Dos días antes, habíamos salido de la Barcelona bombardeada por barcos nacionales,[8] y hecho escala en casa de familiares en Rosas. Entonces, pequeño puerto pesquero encerrado entre mar y montaña, hecho de casitas bajas, uniformemente blancas.

En la playa, varadas, grandes barcas de pesca, pintadas de diferentes colores, algunos estridentes, estaban alineadas como en un desfile; se secaban redes colgadas de estacas; me puse sobre una de ellas, el tiempo justo de imaginarme corsario, pirata o simplemente aventurero.

Aventureros lo éramos todos a pesar nuestro. La revolución, la guerra, la aventura cotidiana: ir a la escuela entre una hilera de milicianos armados; encontrarse inmerso con mis padres en una marea humana, terriblemente silenciosa (supe más tarde que se trataba del entierro del líder anarquista Buenaventura Durruti); abrazar a mi tío que, en nombre de la República, se embarcaba para ir a liberar las islas Baleares, el puerto atestado de gente; del barco, como una colmena, gorras, pañuelos, y manos saludaban: ¡qué alboroto, cuántos niños, cuántas mujeres, cuánta historia!

De los bombardeos de Barcelona, lo que más recuerdo no es el estruendo de las bombas, muy cercano porque vivíamos en la calle Jaume Giralt, cerca del puerto, ni el espectáculo de las casas alcanzadas por las bombas, sino el refugio al que corríamos, con una manta sobre los hombros, a refugiarnos cuando sonaban las sirenas. En realidad, era el sótano de una fábrica de naipes. Para nosotros, los niños, ¡era la caverna de Alí Babá! Por todas partes había cartas de todo tipo. Cuando los padres se habían instalado (y tranquilizado) entre las cajas que contenían paquetes de cartas nuevas cuidadosamente embaladas, nosotros íbamos al fondo del sótano, y allí estaba nuestro paraíso. En cestas de mimbre, un montón de cartas sueltas defectuosas, sin orden ni respeto a la jerarquía: las reinas se comprometían con las sotas de "palos" diferentes, bajo la mirada enojada de los reyes impotentes, y la de los caballos decepcionados... Con todo ese mundo maravilloso, yo levantaba mis últimos castillos en España.

PERPIÑÁN, BARRIO DE SAINT-JACQUES

El objetivo de nuestro viaje a Perpiñán era el Centro Español, que acogía a jóvenes refugiados y se encargaba de distribuirlos por toda Francia, en centros, en colonias de vacaciones y en familias de acogida voluntarias.

El Centro estaba saturado y era imposible aceptar a nadie: por lo tanto, había que esperar y eso podía durar mucho tiempo.

Un dilema importante se le planteaba a mi madre: o volver a Barcelona o esperar *in situ*. El esperar significaba, vistos los escasos recursos de que disponía, encontrar una vivienda barata y trabajo lo más rápidamente posible. El apartamento que alquilamos mostraba muy bien cuan escaso era su peculio, dos habitaciones en la calle Paradis cerca de la plaza Cassanyes (aún paso a veces por delante). Una de nuestras vecinas esperaba noticias de su compañero, un sudamericano que servía en las Brigadas internacionales.

Lo que más nos sorprendió fue la ausencia de WC; nuestra vivienda en Barcelona, aunque vieja y modesta, tenía un WC, rudimentario claro está, hecho de un tabique vertical y de una repisa de madera con una tapa, todo en un espacio cerrado. Pero aquí un hueco detrás de la puerta de entrada al pie de la escalera era el receptáculo de los cubos higiénicos; el calificativo de moderno, que Francia reivindicaba con razón en muchos aspectos, en lo que concierne a la higiene estaba sobrevalorado.

La caja de naranjas fue para nosotros la expresión perfecta del mueble polivalente por excelencia, adaptable a voluntad: silla, mesa, escritorio, mesilla de noche, etc. Un colchón en el suelo, como la balsa de la Medusa, nos acogía de noche. Un hornillo de alcohol, algunos utensilios de cocina, reducidos al mínimo, componían nuestro mobiliario, provisional naturalmente; en realidad, el exilio político español ha vivido durante 37 años entre dos fuegos, haciendo malabarismos sobre la línea de los Pirineos, y asumiendo el papel de peón sobre el tablero de la geopolítica internacional.

El único que se adaptó con facilidad fue nuestro perro: ninguna barrera lingüística y, sobre todo, el contenido de los cubos de basura era mucho más consistente que el de los de Barcelona; la gente aún comía bien en Francia, es decir, no les faltaba lo esencial, lo que no era nuestro caso... Era la época en que el carrito no habría sido de ninguna utilidad (y mucho menos para nosotros) para hacer la compra en la tienda de comestibles, pues se hacía prácticamente «a pizcas». Un cuarto de litro de aceite, un cuarto de quilo de azúcar, una minucia de esto y media minucia de lo otro eran cosa corriente, justo lo necesario en dosis homeopáticas. El domingo, un cuarto de galletas secas era la excepción.

La plaza Cassanyes era mi centro del mundo; mi madre trabajaba allí, y yo pasaba la mayor parte del tiempo. El cine Capitole, ante cuyas vidrieras iba con mi hermana a contemplar los carteles y las fotos clavadas, era para nosotros una especie de centro cultural. Nos esforzábamos en descifrar los textos, anticipo del espectáculo que para nosotros no iba nunca más allá, pues el precio de la entrada, aunque bajo, estaba por encima de nuestras posibilidades.

En la plaza, a la altura del cine, una pala mecánica abría una enorme excavación, ubicación aún hoy día de los WC públicos. En cuanto se iban los obreros, ese cráter se convertía o en un pozo insondable, o en barrancos infranqueables que, sin embargo, escalábamos alegremente. Los edificios que hoy se sitúan entre el Banco popular y la panadería que hace esquina con la calle Louis-Béguin han sustituido lo que entonces eran casas bajas que albergaban tiendas y talleres. Entre ellos un taller de confección donde trabajaba mi madre, lo que nos permitía llegar con dificultad a fin de mes. El francés (la lengua, naturalmente) se hacía cada vez menos hermético, algunas palabras más familiares: como mi perro, yo empezaba a tener mis referencias y costumbres.

Los refranes son fruto de la observación y de una larga experiencia de vida; rara vez son erróneos; por desgracia, el que dice: «Siempre llueve sobre mojado» podía muy bien aplicarse a nosotros. Mi madre cayó enferma y su estado de salud requirió una operación urgente y una larga hospitalización. No sé por qué razón nos quedamos mi hermana y yo solos en casa varios días, antes de pasar a la guardería del hospital de Perpignan. Los vecinos se ocuparon de nosotros. El peluquero nos cortó el cabello, la vendedora de pollos nos trajo huevos; todos contribuyeron a tejer una red solidaria y cordial que tanto escasea hoy en día.

Una porción más del mundo se abría a nosotros; situado en el extremo norte de la ciudad, comunicado con ella por un tranvía ruidoso y chirriante, pintado de un amarillo que no pasaba desapercibido: el hospital. Guardo una vaga idea del conjunto, aunque estaba impresionado por los numerosos edificios llamados pabellones, unidos entre sí por caminos bordeados de adelfas rosas y blancas. La guardería, los dormitorios colectivos, los delantales a cuadros con que íbamos vestidos, los gorros, son recuerdos secundarios comparados con una sensación concreta, física al máximo, hecha de envidia y de plenitud. Un gran comedor iluminado por grandes ventanales, a través de los cuales el sol de mediodía jugaba con la sombra y destacaba los platos y cubiertos sobre la mesa; bancos sobre los que, tranquilamente sentados, esperábamos que nos sirvieran.

La chica que nos servía trajo una gran fuente de puré de patatas doradas al horno, aún humeante y que olía maravillosamente. Mis papilas gustativas se pusieron en marcha y se me hacía la boca agua. Imaginad a uno de los caballeros de la Tabla Redonda lanzado a la búsqueda del Graal y que de repente se da cuenta de que milagrosamente está al alcance de la mano. Me serví como todo el mundo; a la segunda vuelta éramos algunos, a la tercera, estaba solo; la que nos servía prefirió detener el experimento, pero no pudo evitar ponerme de ejemplo de niño que come sin alboroto, que no juega con la comida y que disfruta.

Lo que esta dama ignoraba era que desde principios de 1937 en España y después en Francia, habíamos recibido un entrenamiento intensivo de mala alimentación y estábamos dispuestos a considerar suculencias lo que para los otros era normal. Por supuesto que durante toda la estancia hice honor a la comida (tenía tanto que recuperar), pero eso no impide que con el paso del tiempo llegué a considerar, como los otros niños, que en la merienda de las cuatro el trozo de pan era desproporcionado en relación al de chocolate.

Después de su convalecencia, mi madre tuvo la suerte de conseguir una plaza de criada en Font-Romeu, y, ironía de la suerte, en casa de burgueses catalanes españoles refugiados en Francia desde 1936. Sin duda era la excepción que confirma la regla, pues tomar una criada «roja», con dos niños a su cargo, más un perro, daba a entender una buena voluntad evidente y una especial generosidad. Mi madre se fue primero con mi hermana, y un tiempo después, confortablemente instalado en el asiento posterior de un descapotable, con el perro bien apretado en mis brazos, yo desafiaba el viento de la carrera, con los ojos llorosos pero decidido a no perderme nada de la aventura. Tengo recuerdos hechos de sonidos, de olores y de imágenes fugaces: me intimidaba la gran mansión donde vivíamos. Señorial, inmensa, pesadas cortinas la oscurecían. Sofás y sillones amueblaban la estancia; al fondo una chimenea en piedra tallada imponía; encima un reloj carillón medía el tiempo, dividido en cuartos, medias y horas, sin olvidar nada. La melodía del carillón, aunque archiconocida y previsible, me sorprendía siempre desagradablemente. Incluso después de tantos años transcurridos, si visitando a alguien (generalmente personas mayores) hay un carillón idéntico, provoca en mí un sentimiento de melancolía inexplicable. Tanto más inexplicable puesto que esa estancia en Font-Romeu entre los pinos y amenizada con largos paseos fue de las más agradables.

En Perpiñán, Dora, una amiga de la familia, nos había puesto en contacto con el señor Ernest, un fotógrafo que nos inmortalizó a los tres en su estudio, sin hacernos pagar nada. Hay que decir que el señor Ernest estaba siempre dispuesto a ayudar a las personas refugiadas que se enfrentaban a problemas administrativos.

No éramos los únicos a quienes daba consejos, y más si era necesario.

Habíamos cruzado la frontera en la primavera de 1937, pasaporte en mano. Las autoridades consideraban que no teníamos derecho al estatuto de refugiado político. Por lo tanto, debíamos volver a España. Conmocionada, mi madre expuso nuestro problema al señor Ernest que movió cielo y tierra para resolverlo. Me inclino a pensar que tenía contactos en las altas esferas.

Un día nos indicó que pasáramos a su establecimiento para presentarnos a alguien que podría ayudarnos. Me advirtió que esa persona me haría un montón de preguntas que debería responder. Y, sobre todo, debía decirle que cuando fuera mayor sabría agradecer a Francia que nos hubiera acogido.

El día fijado, me encontré en presencia de un gran señor con uniforme, que me hizo sentar a su lado. Me brindó una amplia sonrisa cuando solté la parrafada aconsejada por nuestro benefactor, después me preguntó dónde había nacido, mi nombre, mi edad, si iba a la escuela y a cuál, si tenía amigos.

Aunque mi francés era un poco flojo, en cambio, comprendía bastante bien las preguntas que me hacía. Me preguntó también si me gustaba la historia de Francia, la lectura, etc. Mis repuestas le debieron complacer. A pesar de mis hándicaps a causa de la guerra — no había podido ir a la escuela con frecuencia en España— tenía la capacidad de asimilar con facilidad lo que se me planteaba. Sin duda es por eso por lo que este señor decidió que podíamos continuar viviendo en Francia, y obtener el estatuto de refugiado político que fue el mío durante largos años, hasta la muerte de Franco.

El señor Ernest nos salvó del desastre que hubiera supuesto la expulsión a España.[9]

Otras personas en otros ámbitos, como el de la Enseñanza, contribuyeron a este espíritu solidario.

El señor Bru, el farmacéutico de la plaza del Puig, intercedió ante el director de la escuela Voltaire para que me admitiera a pesar de no haber estado escolarizado en España. El señor Bru tuvo éxito, y yo ingresé en el Curso Preparatorio. Una vez más la suerte estaba conmigo, pues el maestro me tomó bajo su protección. Sin duda era una persona a quien gustaban los retos, y constató que yo aprendía rápido. Mientras asistía a las mismas clases que mis compañeros, él preparaba una clase particular más avanzada para mí. Y al cabo de unos cinco meses,[10] mi maestro había ganado el desafío: no sólo mi francés era casi correcto, sino que había recuperado mi retraso inicial.

Yo no era alto para mis casi ocho años, pero aún demasiado comparado con los alumnos del curso preparatorio con los que compartía los pupitres. Mi francés inseguro me daba la apariencia de un chico mayor un poco retrasado; afortunadamente los progresos fueron rápidos y pude alcanzar pronto a los chicos de mi edad. Las relaciones entre el joven refugiado antes de tiempo que yo era y los jóvenes franceses que se consideraban nacidos del muslo de Vercingétorix, aunque sus padres fueran emigrados económicos recientes, eran a veces, pero no a menudo, tumultuosas.

Por suerte, aunque no muy alto, yo era robusto y fuerte y poco dispuesto a jugar el papel de víctima. Hay que decir que estábamos en vísperas del gran éxodo, lo que hacía las relaciones mucho más difíciles. Esos meses que precedieron a «la explosión» fueron sin duda los más estables: le habíamos cogido el ritmo a la escuela, mi madre trabajaba en mejores condiciones; poco a poco, los muebles dados o comprados de segunda mano reemplazaron a las cajas de naranjas. El colchón reposó sobre un somier; nuestro régimen alimenticio, aunque austero, se hizo menos draconiano, y, sorpresa, un domingo que marcó un hito, mi hermana y yo rompimos el tabú y cruzamos el umbral de la puerta que daba acceso al mundo de la imaginación: el cine Capitole dejó de ser algo más que un vestíbulo. Rose-Marie era el título de la película, y en tecnicolor, por favor; la blancura de la nieve resaltaba el rojo de las guerreras de la Policía Montada de Canadá. Ese domingo se convirtió en «el Domingo», punto de referencia indiscutible, tantas veces recordado y contado.

Siempre en búsqueda de la aventura, subimos un día de octubre de 1938 los cuatro pisos del 51 de la calle de l'Anguille, que daban acceso a nuestra nueva vivienda, una cocina-alcoba, sin duda concebida para alojar liliputienses, tan pequeño era el espacio. En cambio, una gran terraza ampliaba nuestro horizonte y nuestra visión del mundo: el Canigó estaba al alcance de la vista. La mudanza —si se me permite emplear ese término, vista la escasez de nuestro patrimonio— fue rápida; en un santiamén nos integramos en la colorida comunidad del 51 (cuatro pisos más la planta baja, dos apartamentos por piso), compuesta por ocho familias. A causa del calor, del pequeño tamaño de las viviendas y de la promiscuidad inevitable, cada uno sabía todo del otro, y mucho más; lo que no impedía que más allá de la simpatía o de la enemistad, cuando la solidaridad era necesaria no era una palabra vana.

RETIRADA

La *Retirada* en 1939 hizo saltar en pedazos esa normalidad, ¡y de qué manera! La desmesura del éxodo, su impacto tanto político como humano no dejó a nadie indiferente. Algunos contribuyeron al espíritu de solidaridad: gestos de consuelo, palabras, pequeñas cosas que, sin embargo, como cantaba Brassens, calientan el cuerpo y el corazón. Otros, embotado el interés por lo dramático, se envolvieron en la indiferencia, afirmando no querer meterse en política, demasiado ocupados en sus propios problemas cotidianos. Por último, estaban todos esos —muchos— que predecían el apocalipsis si no se ponía freno a la invasión del país por esa horda de descamisados, por añadidura rojos, que no aspiraban más que a comer nuestro pan y violar a nuestras hijas. Expulsarlos era la única solución; al fin y al cabo, no era más que un problema de españoles, los nacionales sabrían arreglárselas y Dios reconocería a los suyos (Simón de Montfort *dixit*).

Las asociaciones humanitarias se organizaron; el hospital militar en Saint-Mathieu era el centro de acogida y reunión de mujeres y niños. Todos los voluntarios, entre los que estaba mi madre, se implicaban a fondo las 24 horas del día. Se consolaba a los refugiados, se reunía a las familias en la medida de lo posible (los padres y maridos estaban ya «de vacaciones» en las playas del litoral) y eran enviadas a distintos lugares del país. Mi hermana y yo, a nuestro aire, estábamos en la misma situación, dormíamos sobre la paja, sobre los bancos, perforábamos los mismos botes de leche concentrada, compartíamos la vida cotidiana de todos. Hasta tal punto, que sin la presencia de una amiga de mi madre que supervisaba las salidas y me vio, me hubiera ido con amigos hacia no sé qué destino. Los habitantes de Perpiñán venían a vernos, algunos con golosinas, otros sólo con curiosidad y prejuicios. Es posible que la que se convirtió en la mujer de mi vida formara parte de esos niños que venían a visitarnos. Vivía en el barrio y pasaba a menudo ante el hospital, y, como yo era uno de los pocos que, entre los pequeños refugiados, hablaba francés, se recurría a mí para explicar o comprender mejor.

Pasado el impacto inicial, volvimos a nuestra vivienda que, aunque pequeña, se convertía a veces, según el grado de vigilancia de los centinelas de los campos de Argelès y otros, la sede de una comunidad de afinidad. Mi madre, en España, era una militante muy comprometida y trabajaba en una fábrica; tenía muchos camaradas y los que conseguían escapar venían a nuestra casa, la puerta estaba siempre abierta. Su presencia no pasaba desapercibida, es lo menos que se puede decir, y los gendarmes se llevaban a todos, menos a los que se iban por los tejados, itinerario que fue idea mía.

Entre Perpiñán y Saint-Gauderique, el campo de Marte —campo de maniobras militares— mucho más extenso que hoy día, era el centro de almacenamiento de un material variopinto, camiones coches, motos, armas, etc. que los soldados españoles habían dejado en la frontera. Una compañía de refugiados estaba a su cuidado. Después de la escuela, íbamos a asombrarnos con ese espectáculo poco común. A través de las alambradas, charlábamos con los encerrados a los que prestábamos pequeños servicios: ir a buscarles comida, bebida, tabaco, etc. Con el tiempo, yo era conocido por los guardias que me permitían entrar en el campo, sobre todo los jueves por la tarde. Conduje muchos camiones y coches y cabalgué muchas motos; el material de la República era mi picadero personal. Para recompensar mis pequeños servicios me ofrecían pequeños regalos hechos a mano: aún me acuerdo, no sin cierta emoción, de un magnífico bimotor de madera pintado de gris, con escarapelas tricolor en el extremo de las alas.

Unos meses después, un acontecimiento de importancia que me cuesta situar en el tiempo con exactitud, quizá en la época de la *drôle de guerre* (septiembre 1939 a junio 1940), una columna interminable de refugiados proveniente de los campos atravesaba la ciudad de parte a parte en dirección a la estación, con destino al norte de Francia, para constituir las Compañías de Trabajo.

Controlados por gendarmes y soldados, marchaban voluntariamente y en orden, sólo para hacerse notar, ellos que habían sido menospreciados tan a menudo, en medio de una hilera de curiosos, mirones y amigos. Cantaban canciones revolucionarias con muchos puños levantados; otros puños se levantaban entre la gente a modo de saludo y solidaridad. Otras canciones más tristes y melancólicas me ponían los pelos de punta, era de verdad impresionante.

Quién iba a sospechar que, entre los que desfilaban orgullosos ante nosotros, muchos terminarían su marcha al pie de los hornos crematorios, sobre todo en Mauthausen. Al final de la guerra en 1945, compañeros deportados que habíamos alojado en 1939 pasaron algunos días en casa, sólo hasta volver a la «normalidad»; nos contaron con detalle su increíble odisea.

JOSÉ

Algunos días después del éxodo, José, mi padre, se presentó en casa; había sido liberado del campo de Argelès debido a que su mujer vivía en Perpiñán, en situación regular. Fue una época difícil, materialmente hablando, porque mi madre era la única que trabajaba. Mi padre hacía cinturones de seda que nosotros, con mi hermana, debíamos colocar o vender en las tiendas que tenían a bien cogerlos. El 19 de octubre de 1939, mi hermana volvió a España, a Rosas, donde vivía una pariente que no tenía hijos y en cuya casa había ya vivido algún tiempo durante la guerra. Para ayudarnos, propuso acogerla el tiempo que fuera necesario. Al marchar mi hermana, éramos tres en casa (sin contar el perro); pero por poco tiempo porque, poco después, mi padre decidió, él también, volver a Barcelona. A decir verdad, yo no conocía la verdadera razón de su partida; durante algunos años, creí —o quise creer, no lo sé— que volvía a España a reanudar la lucha contra el franquismo. Su arresto y su ejecución me reforzaron la idea de que mi padre era un héroe; ser huérfano de padre en esa época estaba, desgraciadamente, al alcance de cualquier niño, pero huérfano de un héroe no era tan corriente. En realidad, supe más tarde lo que mi madre me ocultaba: mi padre había vuelto a Barcelona para reunirse con una persona con la que había vivido poco antes de nuestra marcha. Su aureola de héroe sufrió un golpe, mi sueño se desvaneció, pero me había permitido aceptar mejor mi condición de niño sin padre. Fue una tarde triste la de su partida; otras lo fueron también, después la vida siguió su curso tumultuoso pues los acontecimientos se precipitaban, cargados de consecuencias: la movilización general, la *drôle de guerre*, el armisticio. Evidentemente, un niño de diez años vive, pero no llega a captar la importancia real —y las consecuencias que se derivan— de los acontecimientos de los que es testigo.

EMPIEZA OTRA GUERRA

Decir que yo estaba triste por la repentina derrota del ejército francés sería mentir. Fue, incluso, una fuente de satisfacción fácil de comprender. Las relaciones entre los jóvenes refugiados de los que formaba parte —aunque llegado a Francia antes del éxodo— y los jóvenes franceses eran a menudo tormentosas, y eso se debía en gran parte a todo lo que oían decir en su familia. Intercambiábamos muchos y variados insultos. Oír tratar a los refugiados de «soldados de opereta, que habían huido como conejos ante las tropas nacionales» nos hería profundamente. Así, cuando el glorioso ejército francés que había vencido a los «boches» en el 14 capituló casi sin combatir, fue para nosotros la ocasión de devolverles la moneda. ¿Pueril? Sin duda, pero juego justo.

Si la vida de un emigrado económico no es fácil, hacerse un hueco en un medio generalmente hostil, con nuevos usos y costumbres que adquirir, y otros que abandonar, es, sin embargo, el resultado de una elección. En cambio, para el refugiado político, el exilio no es una elección, no tiene otra alternativa. Al trauma del desarraigo se añade la desintegración de las familias, los padres o los hermanos mayores muertos o desperdigados por los cuatro puntos cardinales; los abuelos abandonados, por ser demasiado viejos para seguir o sobrevivir.

Entre los padres predominaba la frustración de haber perdido no la guerra sino la Revolución en la que creían; el sentimiento de haber conseguido, durante un tiempo, unir utopía y realismo fue desplazado por el de haber sido incomprendidos y abandonados por el mundo obrero francés y europeo. A nosotros, jóvenes adolescentes, lo que nos hirió profundamente fue el comportamiento estúpido y mezquino, de todos los que se empeñaban en hacernos sentir nuestro supuesto defecto, el de haber nacido extranjero. Estoy seguro de que, para muchos de nosotros, esa etapa de la vida ha dejado huellas, y, a pesar de los años transcurridos, el resentimiento persiste. No está dirigido a nadie en particular sino a Francia en general y al concepto de nacionalismo estúpido que valora a un individuo no por sus propias cualidades sino por la estampilla de su lugar de nacimiento.

Después llegó el Mariscal al que ensalzábamos cada mañana al pie del mástil clavado en medio del patio de recreo. A los poco varoniles acentos del himno nacional new-look, «Mariscal, aquí estamos», los salvadores de la patria, gorra en mano, contemplábamos la bandera subir al firmamento; con curiosidad al principio, después con indiferencia, que era prudente disimular. Esta izada de la bandera fue lo habitual para nosotros durante un tiempo; después se hizo sin nosotros: nada de aglomeración, sólo dos alumnos designados por turnos, como para las tareas de clase, eran los encargados del ritual de izarla. Después, la práctica del rito terminó. Olvidado en el extremo del mástil, la bandera continuó ondeando según el humor del viento; un buen día, sin tambor ni trompeta, mástil y bandera desaparecieron. El proceso de abandono de una práctica que pretendía ser voluntaria fue muy rápido; sería interesante conocer las razones pues estábamos aún en 1942. Con el vencedor de Verdún llegaron las cartillas de racionamiento con tickets ridículamente minúsculos que presagiaban la inconsistencia de las raciones a las que daban derecho. La mayoría de mis coetáneos fue cogida por sorpresa por el racionamiento; era una experiencia a la que no estaban acostumbrados. No era lo mismo para nosotros los refugiados: conocíamos el arte de movernos ante una alacena vacía.

Hubo en esa época, en el seno del cuerpo de enseñantes, una tendencia a relativizar las calificaciones de los exámenes. Por supuesto no hay nada más subjetivo que el criterio humano, sobre todo habida cuenta que un pequeño «regalo» de parte de los padres venía de vez en cuando a mejorar la alimentación. Fue la época de las componendas, de los tenderos. Y para todos los que no podían acceder a las delicias del mercado negro, ni beneficiarse de la generosidad de un pariente instalado en el campo, fue la época del ingenio.

Era una cuestión de suerte y de organización, yo tenía dos ventajas: primero, no tener prejuicios contra los tupinambos, nabos y colinabos, si están aderezados, aunque sea modestamente. Segundo, mi madre trabajaba como empleada doméstica en el restaurant la Coupole, en la calle Des Marchands, y conseguía de vez en cuando sacar algunos dulces. A mediodía, yo comía en el comedor escolar, a veces judías procedentes de las colonias, tan gruesas como un reloj de bolsillo y que llenaban. Lo que no me impedía correr después al comedor popular donde el hijo de mi vecino del primero ejercitaba sus talentos de cocinero; yo tenía "barra libre", tupinambos o cualquier otro tubérculo acompañado de un trozo de morcilla nacional bastaban. Al final del recorrido, mi casa. Sacaba al perro saboreando la golosina que mi madre me traía a veces. Los jueves por la tarde iba a ayudar a lavar platos; inútil decir que ese día estaba de fiesta.

Me resultaba extraña la fauna que frecuentaba ese restaurante, bastante popular entre los oficiales alemanes: pescadores en aguas turbias y todos los que se lo podían permitir. El dueño, grande y fuerte, en la sesentena, regentaba la cocina, y su mujer todo el resto; el amante habitual —con un pie en el negocio y el otro Dios sabe dónde— era omnipresente; el hijo y la hija echados a perder, malcriados, vivían en un mundo diferente al nuestro.

Como mi madre trabajaba los fines de semana, yo iba a pasarlos a Fourques, pueblo pequeño no lejos de Perpiñán, a casa de amigos refugiados, obreros agrícolas, aunque su profesión fuera otra. Íbamos al café a tomar tazas de caldo KUB, y después a pescar o a cazar ranas; a veces, al atardecer, íbamos a pillar algo en los huertos de otros. Mi llegada era muy apreciada porque llevaba tabaco, fuente de placer para los amigos y fruto de una técnica de la que yo era el artífice. Mi madre recogía las colillas en el restaurante; yo debía deshacerlas y mezclar el tabaco pues era de orígenes diversos (tabaco rubio alemán, cigarros de todo tipo y de tabaco negro); mezcla que debía airear, darle vueltas y vueltas; parece que el resultado era excelente. Era muy apreciado también por otros amigos que venían a casa de vez en cuando, por la noche, a celebrar conciliábulos de los que yo estaba excluido. Encima de la cocina había un altillo al que yo era el único que podía subir sin escalera: entre viejos objetos polvorientos había armas: una metralleta y dos pistolas bien protegidas. Pronto relacioné las armas con los fumadores de tabaco pues había visto a uno de ellos trepar al altillo. Como se suponía que yo no estaba en el secreto, no dije nada de mi descubrimiento. Un día que bajaba los cuatro pisos silbando lo que se me pasó por la cabeza, me reprendió el cuñado del cocinero; parece que silbaba *La Internacional*, que había oído tantas veces; me aconsejó no volver a hacerlo pues podía perjudicar a mi madre. Supe más tarde que él había muerto deportado a Dachau.

En julio de 1943, durante las vacaciones de verano, yo trabajaba para un transportista en Bompas. Cerca del almacén donde las mujeres embalaban la fruta, había una casa donde se alojaba un oficial alemán. Su ordenanza, un hombre de mediana edad, tenía un hijo de la mía. Y, sin duda, por esa razón me había tomado simpatía. Me enseñaba a menudo la fotografía de su familia y me decía que la guerra era una mala cosa para todos. El chófer de la empresa me recogía por la mañana y me devolvía por la tarde a la plaza Cassanyes; un día, trabajamos hasta tarde. Como la hora del toque de queda ya estaba ampliamente sobrepasada, el chofer no se atrevió a aventurarse en la ciudad y me dejó al pie del Castillet. Cerca del café de la Poste, oí acercarse a una patrulla alemana; escondido junto al café, esperé prudentemente a que se alejara para seguir mi camino. Podía elegir, o pasar por el centro o por la plaza Gambetta; por desgracia opté por el segundo itinerario. Aunque iba pegado a los muros, apenas llegué a la mitad de la plaza, resonó una orden: «¡Alto o disparo!» que me clavó en el sitio. Como un conejito atrapado en un haz de luz, vi acercarse a dos militares apuntándome. Decir que me asusté sería un eufemismo. Así escoltado, franqueé la puerta del hotel del Petit Paris; registrado, interrogado, vaciada la mochila que llevaba en bandolera, su contenido —albaricoques— se esparció sobre la mesa. Era evidente que yo no era más que un crío asustado con ganas de volver a su casa. Debidamente sermoneado y tras dos horas de limpiar zapatos, me dejaron marchar sin los albaricoques que se habían comido mientras escuchaban mis explicaciones. Es inútil decir que, si mi madre estaba muy angustiada, yo no lo estaba menos.

Cuando la «zona libre» dejó de serlo, presencié la entrada de las tropas alemanas en Perpiñán, si mis recuerdos son exactos, el espectáculo, pues fue uno con el objetivo de impresionar a la gente, tuvo lugar en el boulevard Clemenceau. Motos y sidecares cabalgados por Centauros, con la espalda recta y vestidos de verde, abrían el baile; los ocupantes del sidecar, con aspecto feroz, sujetaban sus metralletas pegadas al pecho. Un poco más lejos, oficiales a caballo caracoleaban ante las tropas. Impresionantes por el orden y la disciplina (cualidades muy valoradas por nuestro director de la escuela que nos repetía que su ausencia había precipitado la derrota de nuestras tropas en el 40), golpeando el suelo con sus botas negras, soldados idénticos e intercambiables pasaban ante nosotros. La multitud de curiosos instalada en las aceras observaba en un prudente silencio ese despliegue de fuerzas; se desprendía una sensación de potencia y de invencibilidad, reforzada por las victorias. Los primeros efectos de la Ocupación se hicieron notar a nivel escolar; algunas escuelas fueron requisadas para albergar tropas, y los alumnos repartidos por doquier. Nosotros nos apretamos para hacer sitio a algunos de ellos. Recibimos a dos pequeños polacos refugiados en Francia desde 1940, que fueron objeto de nuestra curiosidad. Después la presencia física de los soldados alemanes se integró en nuestro día a día y se hizo normal.

Naturalmente, nosotros, los jóvenes, oíamos hablar de los maquis, de atentados, de represalias, pero no eran más que rumores. En cambio, un hecho que presencié por azar me marcó lo suficiente para que lo recuerde aún. Era una tarde de verano. Ocupado en mirar los carteles y las fotos expuestas en los escaparates de los cines Le Paris y Le Cinémonde, oí una música poco habitual; hay que decir que nosotros no teníamos aparato de radio en casa. Yo conocía algunas canciones del *fou chantant* gracias al talento de un gitano reparador de sillas que ejercía su profesión en la calle, e interpretaba alegremente el repertorio de Charles Trenet. Intrigado, subí las escaleras que llevaban a una gran sala con las paredes cubiertas con grandes carteles de cine, en los que algunas vedettes de la época provocaban a los clientes con sonrisas prometedoras. En la pared izquierda estaba el bar y dos puertas que daban acceso al balcón del Paris; con mesas y sillas a lo largo de las otras paredes, esta sala servía de bar y de sala de fumadores durante los entreactos. Colocado sobre el mostrador, un tocadiscos emitía una música con mucho ritmo, al son de la cual bailaban muchos jóvenes. La forma de vestir de los chicos me intrigó especialmente. Los pantalones eran cortos y estrechos y las chaquetas amplias y largas; mostraban calcetines multicolor y zapatos que iban desde un modesto 41 a un fa-

vorecedor 45. Estaba en medio de una reunión de Za-
zous, los contestatarios de la época, que rechazaban el
modelo cultural y arcaico impuesto por los partidarios
de la Francia profunda y de sus gaitas. De repente, un
ruido de pasos precipitados y de gritos precedieron a la
irrupción de un grupo de milicianos vociferando insultos y empujando a los bailarines; destrozaron el fonó-
grafo, y a empujones, controlaron las identidades.
Evacuada la sala, se llevaron a algunos jóvenes, seguramente no cumplían los requisitos del STO (Servicio del
Trabajo Obligatorio).

Había observado varias veces en ese verano de 1944,
que, durante la proyección de las noticias, cuando el lo-
cutor comentaba con indignación los daños causados
por los bombardeos de la aviación aliada, la sala no
reaccionaba o apenas lo hacía. Sin embargo, cuando
aparecían miembros del gobierno, milicianos o alemanes, abundaban los gritos, alentados por la oscuridad
protectora.

Sin embargo, no estaba lejos el tiempo en que, ven-
dimiando en una gran finca, convivíamos con jóvenes
que no trabajaban por necesidad, como era nuestro caso, sino por la *grandeur de la France* a la que servían en
los Campamentos juveniles. Estos cruzados del Maris-

cal nos hablaban de grandeza y de sacrificios y de la necesaria cohesión nacional tras Pétain, para reconstruir
una Francia mejor. Yo me guardaba muy mucho de levantar el dedo y decir que, como refugiado español no
me sentía muy interesado.

LA LIBERACIÓN DE PERPIÑÁN

Si asistí a la entrada de las tropas alemanas en la ciudad, estuve también presente en su partida ese 19 de
agosto de 1944, día de la liberación de Perpiñán. En
fin, es una forma de hablar pues, en realidad, no vi más
que algunos soldados perdidos, rodeados por civiles.
Acompañado de mi madre, estuve allí donde sucedía
algo importante y había donde elegir: en la estación
ardía el arsenal, vagones cargados de munición explotaban, ¡unos auténticos fuegos artificiales!

Al pie del Castillet, muchos hombres jóvenes y menos jóvenes apuntaban en dirección de las Nuevas Ga-
lerías, donde, se decía, estaban atrincherados
milicianos. En el puente, ardía un camión alemán; un
pequeño cañón, curiosamente apuntando en dirección
a La Basse (el río que atraviesa Perpiñán), había sido
abandonado. Un joven, medio civil, medio militar, con
casco, chaqueta caqui, unos pantalones cortos y sandalias, empujaba con dificultad un pequeño remolque

cargado de municiones.[11] Le ayudamos a cruzar la plaza; se dirigía hacia la prefectura. De todos modos, era gracioso, entre todos los curiosos presentes, fueron un muchacho y una mujer quienes tuvieron que ayudarle. De repente, circuló el rumor de que una columna alemana volvía a Perpiñán por Le Vernet: se armó el follón. Algunos, que unos minutos antes mostraban con orgullo su voluntad de pelear, intención, por cierto, muy bien razonada durante los años negros, fueron a posicionarse... detrás de sus contraventanas cerradas. Los que tenían experiencia se dirigieron al puente Joffre sin prisa; afortunadamente fue una falsa alarma, y como la sangre refluye después de una emoción, los curiosos regresaron. No sé por qué razón nos quedamos allí: ¿quizá porque mi madre decía que el acontecimiento que estábamos viviendo le recordaba, aunque menos importante, el 19 de julio de 1936 en Barcelona?

Creo que fueron las últimas escaramuzas de importancia en la ciudad; por el contrario, para algunos belicistas de última hornada, empezaba lo que calificarían más tarde de grandes hazañas: el rapado del cabello de las que habían confraternizado con el invasor, y la caza a los rezagados. Poco después, vehículos enarbolando la bandera tricolor atravesaban la ciudad con los cláxones bloqueados; prudentemente, la gente llegaba a la ciudad a manifestar su alegría. Fue un día especial, de los que se recuerdan y a menudo sirven de hito, antes y después. Fue un desorden festivo: mucha gente en las calles, en las plazas, que dificultó volver a la vida cotidiana. Dos de mis jóvenes vecinos, apenas mayores que yo, se alistaron en el nuevo ejército francés para finalizar la liberación del país y la caída del Eje. Recibieron instrucción militar durante algunas semanas, por lo visto insuficiente. Una tarde, mientras manipulaban sus armas, sentados en sus camas, un gesto desafortunado provocó que la rodilla de uno de ellos reventara: para él la guerra acabó antes de empezar.

El 8 de mayo de 1945, el armisticio desencadenó la vuelta masiva de los prisioneros; hubo fiesta en las calles y en las casas. En cambio, la vuelta de los deportados fue menos espectacular, obviamente eran mucho menos numerosos.

Con unos quince años, las chicas del barrio empezaban a llamarme la atención; había conseguido una cita con una de ellas, y sabe Dios, como cantaba tan bien Danielle Darrieux, lo importante que es el momento de la primera cita, tan lleno de promesas. Pero unas horas antes de mi embarque para Citerea, dos hombres demacrados, con el cráneo rapado, entraron en casa y pidieron ver a mi madre; no los reconocí de inmediato y sin embargo habían ya venido a casa. Fue cuando la

Retirada, después de haber conseguido evadirse de los campos de Argelès y otros. Esta vez venían de más lejos, de Mauthausen. Se quedaron algunos días con nosotros, y poco a poco relataron su estancia en el infierno. Por extraño que parezca, hablaban sin pasión ni cólera, como si simplemente narraran hechos de los que habían sido testigos. Fumaban unos curiosos pequeños cigarros rubios, alemanes, decían ellos, y compartieron con nosotros chocolate y dulces ofrecidos por la Cruz Roja. La Compañía de trabajadores extranjeros[1] gimenólogos de la que formaban parte fue capturada casi en su totalidad en las Ardenas, y aunque era una unidad no combatiente, fue deportada a Mauthausen, donde fueron los primeros huéspedes extranjeros. Los que ya estaban internados eran alemanes, presos políticos y comunes. Los que tuvieron la suerte, la fuerza física y mental de resistir los primeros meses de cautividad, consiguieron incorporarse a los servicios de mantenimiento del campo, las cocinas, los talleres, etc., gracias a las redes de ayuda mutua que habían creado. Existía entre ellos un lazo mucho más potente que la simple comunidad lingüística; habían combatido por un ideal, sufrido las adversidades de ese combate, y sabían lo que significaba resistir. Mi tío,[12] el hermano de mi madre, tuvo más suerte: también formaba parte de una Compañía de trabajo destinada en las Ardenas. Cuando vio el giro de los acontecimientos, montó un caballo de tiro en dirección al sur: evitó los caminos abarrotados de refugiados y llegó a buen puerto a Marsella.

MARSELLA EN 1945

Perpiñán-Marsella, ¿viaje iniciático? Sin duda, pero también una empresa atrevida pues viajar en tren en ese final de verano de 1945 implicaba un cierto gusto por la aventura. La mayoría de las estructuras de ingeniería estaban destruidas: los retrasos eran imprevisibles, los enlaces en absoluto garantizados, pero hubiera sido necesario mucho más para disuadirme de aceptar la invitación de pasar algunos días en casa de mi tío en Aubagne. Aprovechando el viaje, estaba previsto un alto en casa de unos amigos de Marsella que habían conocido muy bien a mi padre y, lo mejor de todo, mi madre no había conseguido liberarse del trabajo: así pues, estaba abandonado a mí mismo y a los caprichos del «destino». Cargado de direcciones «por si acaso», de recomendaciones, y provisto de un pequeño peculio de emergencia, estaba listo, los ojos bien abiertos para no perder nada de lo maravilloso que este viaje debía, por fuerza, ofrecerme. Salí por la mañana temprano, descubrí las lagunas perezosamente extendidas a lo largo de la vía férrea, conocí los transbordos bus-caminata, y conseguí llegar tarde, pero sano y salvo, a Aubagne. La señora en cuya casa vivía mi tío, aunque no era mi tía (que, como muchas esposas españolas, juzgó más prudente quedarse en España que afrontar el exilio), me acogió con mucha amabilidad. El tío, que había sido muy activo durante la revolución y la guerra en España, lo había sido también en el maquis de la región Rhône-Alpes.

En Aubagne, su tarea en esa época consistía en comprobar si los trabajos forestales (tala, reforestación y mantenimiento) a los que estaban obligados prisioneros de guerra italianos internados en un campo (sin duda, desde 1939 los campos eran lugares de veraneo muy concurridos), iban por el buen camino. Yo no sabía de qué manera se suponía que debían ir, pero era evidente que iban muy lentamente, lo que, aparentemente, no preocupaba a nadie, sobre todo a mi tío. Fue una «reclusión» de lo más agradable, durante la cual fui iniciado en el italiano y en el *bel canto*; provisto de vituallas y de recomendaciones, estaba listo para comenzar la segunda parte de mi odisea, Marsella.

Mis amigos vivían en un barrio popular cerca de la estación Saint-Charles. La vivienda no era grande pero sólo la ocupaban para dormir; durante el día trabajaban todos en un comedor para oficiales americanos, en calidad de limpiabotas. Salíamos por la mañana temprano y tomábamos el desayuno y el resto en las cocinas.

Los cocineros americanos (uno de ellos era de origen hispano) me atiborraban de chocolate caliente y buñuelos. Me dieron un vocabulario, que utilicé con gusto, destinado a los soldados para facilitarles un inicio de conversación con los autóctonos. Entre comidas tenía tiempo libre, con la condición de no alejarme mucho y de estar de vuelta a tiempo. Provisto de chicle y de monedas, paseaba por la ciudad, no perdiéndome nada del espectáculo, para mí insólito, que ofrecía Marsella. Alguien comparaba Marsella con un pequeño Chicago; yo no sabía cómo era Chicago, pero Marsella era un verdadero hormiguero variopinto, una torre de Babel. Soldados americanos negros y blancos, soldados franceses, magrebíes, otros vestidos con uniformes que yo no conocía: toda esta gente se relacionaba, se interpelaba en una lengua creada para la ocasión, hecha de gestos, de mímica y de palabras «prestadas». Muchos vendedores clandestinos vendían cualquier cosa; a veces, había alborotos que agitaban este mundo maravilloso, y degeneraban en peleas que la Policía Militar, con casco blanco y provistos de porras, reprimía duramente. Yo ya había probado los pequeños cigarros rubios traídos por los exiliados; ahora llevé la osadía a comprar un paquete de cigarrillos Lucky Strike. Esos días pasados en Marsella fueron fabulosos.

Todo llega a su fin, por supuesto, también mi estancia allí. El día de la partida, los amigos me dieron dinero para comprar el billete, así como dinero para gastos: un Potosí. Cargado de dulces, de chicles y de saludos para mi madre y los amigos de Perpiñán, emprendí la vuelta, que fue tan accidentada como la ida.

1936-1945: nueve años turbulentos, pero para nosotros, niños de la guerra que no teníamos ni idea de lo que habían sido los años llamados tranquilos de antes del levantamiento nacional, no tenían nada de excepcional.

En cambio, para nuestros padres, refugiados o permanecidos en España, libres o presos, la decepción fue enorme: convencidos de que, con la ayuda de los aliados, la liberación de España del franquismo seguiría a la caída del nazismo, aprendieron a costa suya la importancia de los imperativos de la *realpolitik*. En la división de Europa en zonas de influencia, la España un poco roja, no encajaba. El exilio dejó de ser provisional y se convirtió en definitivo.

Para los de mi generación, había varias actitudes posibles ante la integración inevitable para la que, al contrario que nuestros padres, estábamos listos (y entre otras cosas, capaces de recitar las fábulas de La Fontaine tan bien o mejor que nuestros pequeños compañeros franceses). Hubo los que consideraron que la integración hasta la disolución era el camino para alcanzar el éxito y la normalidad a la que ellos y ellas aspiraban. Para otros, la integración no era ni medio ni fin, sino una evolución natural, que no implicaba forzosamente una ruptura con las raíces y, todavía menos, con las aspiraciones de la gesta evolucionaria. Estos últimos emprendieron un camino no carente de obstáculos, con un compromiso exigente, rico en altibajos, que, llegado el momento de hacer balance, resulta haber sido apasionante.

NOTA DE LOS GIMENÓLOGOS

[1.] Conforme al artículo 3 del decreto de 12 de abril de 1939, Daladier decidió «utilizar en algunos trabajos que concernían a la Defensa nacional un primer grupo de unidades de trabajadores constituidas por milicianos españoles internados en Francia». Si tenían la ventaja de permitir a los refugiados abandonar los campos de concentración franceses donde sobrevivían (o morían) en condiciones espantosas, las CTE (Compañías de trabajadores extranjeros), los mantenían siempre en un internamiento riguroso, y además trabajando.

SEGUNDO CAPÍTULO
ITINERARIOS ELEGIDOS

LA VIDA DE EXILIADO SE CONFIRMA

Provisto de mi certificado de estudios primarios, llave que debía abrirme las puertas del mundo del trabajo (adornado de todas las virtudes), yo estaba listo para cruzar el umbral. Una persona que debía formar parte de alguna comisión pedagógica consideró que la Revolución podía esperar, porque, dado que yo había sido clasificado entre los tres primeros del cantón, tenía derecho a proseguir mis estudios y, para ello, ingresé en el colegio Jean-Moulin, en la plaza de las Esplanades. Mi madre estuvo de acuerdo y por eso, mientras mis amigos se dispersaban en el sector de la formación profesional, yo pateaba, con otros muchos chicos, el patio del colegio en ese principio de octubre de 1945. A excepción de algunos que habían sido como yo «repescados», el resto provenía del liceo, porque entonces el título elemental tenía por objeto «separar el grano de la paja», orientar a los menos dotados al certificado de estudios primarios, y a los que se suponía que eran más hacia los estudios superiores.

Con más de cincuenta alumnos por clase, la mía se parecía más a un vestíbulo de estación en hora punta que a un aula de clase. Los profesores, desbordados, daban las suyas como un campesino siembra al voleo, al azar. Desde la primera clase de matemáticas, iba a la deriva, pues si yo me mantenía a flote con facilidad entre bañeras con grifos caprichosos y desagües con problemas, y conseguía mantener el equilibrio sobre el estribo de trenes partidos a tal hora y que debían llegar a tal otra —teniendo en cuenta factores de los que las relaciones domésticas entre el mecánico y su mujer no eran el menor—, nunca tuve buenas relaciones con la señora álgebra. No era una desconocida para los dotados, ya habían recorrido juntos una parte del camino. Yo no estaba a gusto en ese colegio, a menudo faltaba a clase de matemáticas; además, las peripecias que me contaban mis amigos que trabajaban eran más apasionantes. Así pues, después de un largo asedio en toda regla, mi madre capituló e ingresé en el mundo del trabajo.

Aprendiz de mecánico durante casi dos años por cuatro perras, con un artesano, que no era un mal tipo, pero más instalado en la rutina que tentado por las nuevas tecnologías, el taller situado en la carretera de Thuir, cerca del café Figuères, languidecía. Entre dos

bostezos, veía pasar, escoltados por gendarmes, soldados españoles desertores del ejército franquista dirigidos hacia los *haras*, construcciones que habían alojado a
refugiados españoles y donde se hallaban los servicios
administrativos que debían decidir sobre su suerte.

En este pequeño taller, el proletario que yo era se
sentía separado del mundo, ahí donde pasan «cosas».
En cambio, la industria de la construcción ofrecía, un
salario de hombre y, sobre todo, el sentimiento de formar parte de una colectividad, la cual —no me cabía
ninguna duda— era portadora de la rebelión, como diciembre prepara en secreto la primavera: la Revolución
me estaba esperando.

Escuchar a un joven de diecisiete años expresarse en
términos de ética, solidaridad y Revolución, de heridas
y golpes, podía parecer incongruente a todos los que
no conocían el movimiento libertario, compuesto en
su mayor parte por refugiados españoles en esos años
1945-50. Deberían haber sabido que uno no se inclina
impunemente sobre un caldero donde bullen ideas generosas, sin impregnarse. Yo estaba impregnado.
Cuando la pandilla de jóvenes de la calle, a la que yo
pertenecía, consideraba necesario elegir un jefe, yo
decía que no hacía falta, pues jefes lo éramos todos.

Durante las vacaciones escolares, ya había trabajado con un amigo en la confitería Saint-Mamet. Era la primera vez que estaba inmerso en un mundo casi exclusivamente femenino. Esas damas deshuesaban albaricoques que nosotros, los jóvenes, les traíamos y se ingeniaban con malicia para hacernos sonrojar vivamente.

De todos modos, la dirección decidió reducir el personal; mi amigo estaba ya en el montón previsto para el fin de semana. Fui a ver al encargado y le amenacé con dejar el trabajo en solidaridad con los despedidos. Esa misma tarde, recibí, como mi amigo, la paga y el certificado de trabajo: nos vimos obligados y en contra de nuestra voluntad, a formar parte de *La Vanguardia*, la que, como Arago,[13] señala con el dedo el camino escarpado pero muy gratificante que lleva a la revuelta (necesariamente emancipadora, estaba seguro).

EL MOVIMIENTO LIBERTARIO ESPAÑOL (MLE)

En el movimiento libertario español (la gran familia, como les gustaba decir a algunos), convivían sin problemas en esa época la CNT (Confederación Nacional del Trabajo), denominador común de todos los que trabajaban, voluntariamente en segundo plano, y la guardiana de las virtudes revolucionarias: la FAI (Federación Anarquista Ibérica). Añadamos la FIJL (Federación Ibérica de las Juventudes Libertarias) donde se agrupaban los muy jóvenes y los que no lo eran tanto, cuya experiencia no estaba de más para frenar el exceso de entusiasmo de algunos de nosotros. La SIA (Solidaridad Internacional Antifascista), mano tendida más allá de los límites nacionales, atenuaba el lado *demasiado casero* de las otras organizaciones, evidente en las siglas y en el comportamiento inconsciente de muchos militantes. Sería imperdonable no citar —aunque eran pocos— a los naturistas, cuya figura clave era el profesor Capo, que creía ciegamente en el ajo y el limón, formidables panaceas universales. Entra dentro de lo posible creer que el cumplimiento pleno de las prescripciones del Profesor habría precipitado el desmoronamiento natural de la colonia española.

En esa época «fasta», el microcosmos libertario representaba una comunidad de ideas en la que cada uno era libre de involucrarse a fondo o de mariposear en la periferia, y la puntillosa sensibilidad individual era compatible con las exigencias del colectivo. La *organización* hacía que lo imposible no tuviera sentido, y Don Quijote no hubiera desentonado en el conjunto. El MLE en el exilio era el espacio de encuentro y de vuelta a los orígenes para los libertarios que vivían en un contexto político y social muy diferente al de los años anteriores a 1936. Era el instrumento que les permitía continuar la lucha contra el franquismo y soñar con la llegada de la sociedad comunista libertaria, aún creíble a pesar de la derrota debida a la traición del conjunto de la izquierda.

Pero el MLE era también una fortaleza asediada, pues, a diferencia de los partidos políticos y sindicatos que se beneficiaban de la ayuda de los partidos hermanos, estaba prácticamente solo. La familia libertaria, que pretendía ser colmena sin abeja reina, bullía con mil actividades diversas, por supuesto, pero todas tenían una cosa fundamental en común, la búsqueda del saber; pues según el credo de la época, sólo el conocimiento podía liberar al hombre de toda tutela, hacerlo un individuo libre, consciente de sus derechos y de sus responsabilidades. La cultura era la palabra clave.

No he vuelto a ver en un medio compuesto de trabajadores manuales, la importancia dada al conocimiento, la profusión de la palabra escrita: además de los periódicos «nacionales» como *CNT, Soli, Ruta*, circulaba una cantidad increíble de folletos que abordaban los fundamentos del anarquismo, escritos con sencillez y accesibles a todos. La biblioteca ocupaba un lugar preferente y en todo local libertario un lienzo de pared estaba reservado al periódico mural. El que quería escribía lo que le pasaba por la cabeza, lo colocaba y, convencido de su importancia (la del texto y la suya), esperaba a pie firme la crítica, si se producía. Autodidactas, todos no llegaban a asimilar la totalidad de lo que se esforzaban en comprender; durante las *charlas*, términos científicos, locuciones latinas sacadas del diccionario, dejaban perplejo a más de uno: objetividad, subjetividad, maniqueo, *ipso facto*... palabras que lanzaban a algunos hacia la biblioteca. Estos hombres y estas mujeres estaban, en cierto sentido, enamorados de las palabras, que colocadas una tras otra, formaban frases, creaban conceptos, ideas, la rebelión consciente. Enamorados de las palabras, pero también apasionados de la acción, pues esas ideas las querían poner en práctica. La utopía es, como el horizonte, inaccesible; no obstante, querían acercarla lo más posible.

Con los lugares donde se vive ocurre como con las personas, algunos están destinados a jugar un papel, insignificante sin duda, pero que se sale de lo común. El apartamento del 51 de la calle de la Anguille había servido de refugio precario a los compañeros que conseguían fugarse de los campos de la costa del Rosellón. Sirvió también de «cámara de aclimatación» a los tres compañeros al volver de su deportación. En fin, en estos años 1947 y 1948, compartimos repetidas veces nuestro apartamento con un grupo de acción que realizaba sus actividades en el Interior (en España), y después volvía a ponerse a cubierto.

Los prisioneros políticos y los grupos libertarios que intentaban sobrevivir y agruparse en la clandestinidad tenían una imperiosa necesidad de ayuda. Muchos fueron los compañeros del exilio que dejaron su vida y, en el mejor de los casos, su libertad, tras las acciones en España. Aunque joven, yo había frecuentado a más de uno en el local de la CNT.

Los amigos del grupo de acción que albergábamos de vez en cuando, eran pesimistas en cuanto a esta última ya que, según ellos, el pueblo español maltrecho por la guerra civil y duramente castigado por el franquismo estaba paralizado por el miedo. A pesar de las disensiones internas que enfrentaban en el seno del movimiento a los «reformistas» —que querían una CNT más flexible, más abierta a la evolución de la sociedad y, por tanto, más dispuesta a los compromisos políticos— con los «apolíticos», que no desistían de su radicalidad (*principios, tácticas y finalidades*), el MLE era pujante y dinámico.

Estábamos dispuestos al sacrificio, he aquí un ejemplo entre tantos otros: la Unión local de Perpiñán necesitaba un local para reuniones y disponía de pocos recursos para comprar uno (¿no estábamos en una fase provisional que no podía durar eternamente?). En la calle de la Anguille, había un café, el café Antoine, que disponía de una hermosa sala en el primer piso. Un único problema, pero importante, la propietaria, viuda, tenía un carácter imposible y una edad avanzada. Fue necesario un gran espíritu de sacrificio del compañero que donó su cuerpo no a la medicina sino a la causa: la organización tuvo su local y la dama su kamikaze.

En esos años 1945-1950, el MLE era el único bastión organizado y de extrema izquierda que resistía al PCE que intentaba someter a lo poco que quedaba de la izquierda no comunista, y sobre todo a los intelectuales, que pronto no jurarían más que por Marx. Justo después de la liberación del suelo francés, la Unión Nacional —agrupación de guerrilleros bajo la tutela del PCE — ya se esforzaba en agrupar a los refugiados y empleaba para ello medios que iban de la persuasión a la intimidación y a las vías de hecho, contra los que se oponían a él.

Con los libertarios, encontraron resistencia. Los amigos de Fourques, pequeña localidad cerca de Perpiñán donde, durante la Ocupación, yo iba a pasar los fines de semana, me contaron de qué manera resolvieron el problema. Se dirigieron a las personas del PC que conocían, y les pusieron las cosas claras: o abandonaban sus artimañas, o irían a un enfrentamiento físico al que los libertarios estaban dispuestos; el argumento resultó.

¡Cuántas horas pasadas en discusiones con los jóvenes de la JSU (Juventudes Socialistas Unificadas, de obediencia PC)! Tenían algo en común con el pepino, avanzar enmascarados: a partir de conversaciones sobre Marx, Bakunin, la decadencia del Estado, la dialéctica y los soviets, llegaban, ante nuestros argumentos, a la amenaza de hacernos figurar en cabeza de lista cuando los tanques soviéticos llegaran a Perpiñán. Para algunos de ellos, nosotros éramos los lacayos del gran Capital; para los otros, los que nos conocían personalmente, hacíamos, inconscientemente por supuesto, el juego a ese mismo Capital. Uno de nuestros vecinos, comunista agradable, sin embargo, nos invitó a asistir a la fiesta que el PC organizaba en el antiguo hospital militar para conmemorar el enésimo aniversario del camarada Stalin. El espectáculo fue lamentable más allá de nuestros temores, antídoto absoluto para protegerse de por vida del virus leninista: aún a riesgo de parecer maleducados, abandonamos a los presentes con su devoción al gran timonel. Por cierto, yo no conocía la razón por la que los libertarios calificaban a los comunistas de *chinos*.

Como bien había dicho Malraux, en esa época sobre el tablero político francés, no había más que dos fuerzas presentes: el PCF y la derecha republicana; la izquierda no comunista era casi inexistente y, sobre todo, sin apoyo popular. En Perpiñán, no había más que unos pocos compañeros franceses para poner en marcha un sindicato CNT con buena reputación, y no un grupo libertario importante.

En la región parisiense —donde viví algún tiempo de 1954 a 1959— el problema era un poco diferente: para los anarcos, el MLE era demasiado comunista libertario, y para los comunistas libertarios del camarada Fontenis, era demasiado anarco. Es verdad que, para la CNT francesa embrionaria, los españoles eran, a veces, demasiado paternalistas. A excepción de algunos jóvenes de la FIJL que revoloteaban un poco por todas partes (en la Libre Pensée, en la Unión Racionalista, en los cineclubs, etc.), el MLE vivía en autarquía, muy (y demasiado) focalizado sobre el problema español. Por supuesto, a las conferencias públicas organizadas por la

Libre Pensée o la FAF (Federación Anarquista Francesa) en la sala Arago, la colonia libertaria aportaba el grueso de las tropas que los oradores, como los hermanos Lapeyre, no tenían problemas en convencer de la inexistencia de Dios. Sin embargo, el movimiento ácrata seguía aún, en su conjunto, encorsetado en un puritanismo un poco anticuado; beber, aunque sólo fuera vino, fumar, jugar, frecuentar lugares de perdición eran prácticas consideradas amorales, y tenían mala prensa en el seno de la familia libertaria.

A pesar de toda la literatura que divulgaba el amor libre y la libertad sexual, los militantes, hombres y mujeres, conservaban aún en las relaciones hombre-mujer y padre-hija un comportamiento muy mediterráneo, y la reacción natural surgía más fácilmente que el fruto de la reflexión. El permiso dado a las hijas (ya casi en el umbral de la mayoría de edad) de ir de acampada con el grupo, era concedido, a regañadientes, aunque los padres conocieran a todos los jóvenes que lo componían. Esa reticencia era aún más evidente cuando, con ocasión del camping internacional que se celebraba cada verano en algún lugar del Midi, y que reunía a numerosos anarcos de todas partes —la mayoría jóvenes— se abordaba ese problema.

Si las mujeres militantes y las de los militantes no estaban muy presentes en las asambleas generales ordinarias que trataban de los problemas internos de la organización, eran muchas las que asistían a las representaciones teatrales del Centro español. El grupo Talía interpretaba las obras más comprometidas —y las más maniqueas— del repertorio ibérico, en las que el explotado era profundamente bueno y víctima de las maniobras de la hidra de tres cabezas: el Capital, el sable y el hisopo.

Excepción que confirma la regla, no sé en qué obra un patrón, que debía ser un poco masoquista (o un anarco camuflado), y a quien se preguntaba por qué había prácticamente echado a un obrero que le pedía un aumento, respondía: «Si hubiera aceptado su demanda, hubiera soportado mejor su condición de explotado; en cambio, la humillación sufrida engendrará en él un sentimiento de rebeldía, antesala de la Revolución». No puede ser más radical... En cambio, una réplica estruendosa, en otra obra, ilustraba muy bien la cohabitación bastante sorprendente en muchos libertarios ibéricos entre radicalismo y peso cultural machista. El decorado: un cortijo en Andalucía; en escena, la mujer del obrero que ha marchado al campo a trabajar, y el capataz que la persigue con asiduidad y se gana esta respuesta: «Sólo el viento y mi marido tienen derecho a levantar mis faldas», ¡claro que no! Estas distorsiones entre principios y tácticas podían considerarse como reminiscencias culturales que la evolución y las relaciones pronto harían desaparecer.

Sin embargo, en el curso de los años de exilio, el MLE, que había sido tan dinámico y entusiasta, se transformó en una comunidad replegada en sí misma que no había sabido o querido adaptarse a las difíciles condiciones del exilio. La CNT era una central sindical sin práctica sindical, aunque formara parte de la alianza sindical española en el exilio compuesta de la misma CNT, de la UGT (Unión General de Trabajadores) y de la CTV (Central de Trabajadores Vascos). El MLE ya no impulsaba prácticamente la acción revolucionaria en España, pues el precio a pagar era demasiado elevado y sin impacto real sobre el pueblo que sufría la represión franquista. Si la CNT no era ya un sindicato, el MLE no era un partido político en todos los sentidos, aunque formara parte de la Unión de fuerzas democráticas en el exilio, integrada por todos los partidos de oposición al franquismo (excepto el PCE). Esta Unión tenía la pretensión de ser la única alternativa democrática de transición en el caso de que se produjera la quiebra económica del franquismo. Perspectiva no totalmente infundada, pues existía en esa época en el seno del régimen franquista una lucha sorda entre los falangistas que no tenían intención de perder una parcela de su influencia, y una nueva generación de tecnócratas que deseaban (el *Opus Dei*) un retoque del régimen con la perspectiva de una posible invitación a participar en el banquete económico-financiero de los grandes del mundo económico internacional, y sobre todo europeo.

En una situación delicada, demasiado ocupado en discusiones bizantinas y dando importancia a problemas que sólo la inacción justificaba, el MLE (a excepción de la rama juvenil FIJL)[14] no había intuido la aparición en España de una generación que no había vivido la guerra civil, ni sufrido la represión que le siguió. Las importantes huelgas en la cuenca minera de Asturias, el resurgimiento de la acción revolucionaria contra el régimen llevada a cabo por grupos o asociaciones como el DRIL[15] (Directorio Revolucionario Ibérico de Liberación), el MPR[16] (Movimiento Popular de Resistencia) y el FLP[17] (Frente de Liberación Popular), que ocupaban el espacio dejado vacante por las organizaciones y partidos clásicos, y la oposición al régimen, cada vez más radical, del mundo estudiantil tuvieron una resonancia enorme tanto a nivel internacional como en el seno de la oposición antifranquista, y especialmente libertaria.

Los años 1960 y 1961 vieron el final del estancamiento libertario, ilusionado en esos últimos años por la esperanza de que las sutilezas diplomáticas o un hipotético desmoronamiento del régimen permitirían la vuelta al país con armas y bagajes. Las decisiones de los congresos sucesivos de la CNT de esos años provocaron una vuelta a los orígenes, la reactivación de las conclusiones del primer congreso celebrado en Francia en mayo de 1945 que ratificaba la acción directa, la lucha contra el Estado y los principios libertarios.[18] La unificación de las dos CNT, el retorno al redil de todos los que, cansados del inmovilismo, se habían alejado, y sobre todo el entusiasmo de los militantes de la FIJL permitieron al MLE recuperar el lugar que le correspondía en la acción revolucionaria.

EL GRUPO DE PERPIÑÁN

Fueron los años «fastos» para los de mi generación, peligrosos sin duda pero que marcan una vida. Perpiñán tiene la particularidad geográfica de ser una ciudad fronteriza, lo que nos valió el privilegio de ser solicitados a menudo para la *causa* (como se decía en la época). La fortuna favorece a los tontos, se suele decir; este proverbio ilustra muy bien la inconsciencia con la que nos involucrábamos en actividades para las que no estábamos preparados. No teníamos la infraestructura logística indispensable; había que inventar o reinventar todo. La inconsciencia está considerada como un defecto, por supuesto, pero no es menos cierto que si no hubiéramos estado provistos (y bien provistos) de ella, aún estaríamos sopesando los pros y los contras de nuestra participación en la acción revolucionaria y antifranquista. Afortunadamente el grupo joven (cuya media de edad oscilaba entre veinticinco y treinta años), de una docena de miembros, estaba respaldado por cinco veteranos anarcosindicalistas que, cansados de la cautela de la CNT oficial, tenían la necesidad de aportar su contribución a la renovación libertaria que se manifestaba en España.

No se trata de evocar recuerdos respetando la cronología exacta ni de un análisis en profundidad de los acontecimientos en los que participamos, con nuestros escasos medios, sino de ofrecer otra perspectiva de la manera en que conseguimos aportar nuestra parte al esfuerzo común, con recursos, con imaginación y con mucha suerte. Nuestra actividad se dispersaba en diferentes direcciones, pero era coherente. Teníamos cinco objetivos:

1. El *Interior*: como grupo fronterizo, debíamos facilitar el paso de compañeros que iban o volvían, asegurar el alojamiento y, si era necesario, proporcionar nosotros el agente de enlace, como fue el caso en Cataluña y Aragón.

2. Asegurar el paso *tras los montes* del material de propaganda (periódicos, octavillas, folletos, etc.) y, rara vez, material más específico.

3. A nivel local, buscar apoyos ante organizaciones, personalidades y asociaciones, pues apenas teníamos la simpatía de los comités de la CNTE. La sección local del PSU y algunos miembros de la CFDT nos aportaron una ayuda considerable.

4. Mantener una actividad de información a través de carteles, de octavillas y mediante la redacción de un boletín humorístico destinado a la inmigración económica española que trabajaba en Francia.

5. Algunos del grupo trabajaban en la industria de la construcción; cuando había huelgas importantes, aportábamos en las asambleas generales el punto de vista libertario, que, mal que les pese a los «camaradas» comunistas, daba en el clavo, cosa que no hacía la CNT oficial, demasiado preocupada en salvaguardar su virginidad.

Las diferentes familias en el seno del MLE se habían radicalizado cuando decidimos, durante las huelgas de mineros de la cuenca hullera de Asturias de agosto de 1962, pintarrajear las carreteras del departamento con eslóganes en muestra de solidaridad. Uno de nuestros equipos fue arrestado por la gendarmería; formado por extranjeros (a excepción de uno), fue encarcelado. Por tanto, no se presentó a la cita que habíamos fijado. Rehicimos en sentido inverso su itinerario y vimos su coche estacionado delante de la gendarmería. Celebramos una reunión improvisada a las tres de la mañana en casa de un amigo, para decidir qué convenía hacer y decir en caso de citación por parte de las autoridades. Unos se encargaron de informar a las familias, otros de contactar con un compañero del sindicato que conocía a un abogado local que tenía debilidad por los libertarios, otros dos se prepararon para ir en coche a Bourg-Madame a recibir a un compañero de Barcelona, concretamente Jorge Conill, quien unos meses más tarde hubiera sido ejecutado a garrote sin la solidaridad activa de los compañeros libertarios milaneses.[19]

Esta reunión, y otras que siguieron durante la existencia del grupo (quince años), pusieron en evidencia en el seno de éste un sentido del humor innato, así como la capacidad de no tomarse demasiado en serio, al igual que otros grupos que habíamos frecuentado. Empezada con la preocupación evidente de examinar bien lo que era urgente, terminó en franca carcajada cuando uno de nosotros sugirió, en caso de que nos interrogaran, simular una ligera deficiencia intelectual (sugerencia menos tonta de lo que parece y muy útil en algunas circunstancias): subido a una silla, nos hizo una demostración práctica divertidísima.

Unos días después, durante una asamblea ordinaria del sindicato, el Comité (el órgano director de la CNT) nos reprochó la iniciativa que habíamos tomado sin su conocimiento (las pintadas en las carreteras; respecto al resto de nuestras actividades, no estaban enterados) y que podía tener como consecuencia poner en peligro la existencia oficial de la CNTE en Francia —nada menos— y que, ante el hecho consumado, pediríamos su ayuda. A partir de ese día suspendimos toda relación con los miembros del Comité, mientras manteníamos muy buenas relaciones con los militantes que nos conocían desde hacía tiempo y que apreciábamos.

Este es, en ese inicio de los años sesenta, un resumen de la composición del grupo, sus líneas de actividad y la forma de pensar que lo animaba. No queda más que explicar lo inexplicable: como un grupo sin experiencia, disponiendo de medios muy limitados, pudo aportar a la acción libertaria y antifranquista una contribución nada desdeñable. Cualquier persona que hubiera tenido la posibilidad de comparar la importancia de esa contribución con los medios casi risibles, hubiera exclamado, como Galileo ante los jueces de la Inquisición: *Eppur si muove!*

LAS ACCIONES *TRAS LOS MONTES*

Cuando el muro, hecho de problemas por resolver, parece infranqueable por falta de medios, y el tiempo apremia, se vuelve imperativo rodearlo o encontrar la grieta. Una encarnizada reflexión colectiva, una capacidad para tomar en consideración toda sugerencia, por disparatada que sea, la facultad de observación constantemente al acecho, más una buena dosis de inconsciencia, son a veces (lo fue para nosotros) la llave que abre la puerta a las ideas, y que muestra la solución, sin embargo, muy simple (como el huevo de Colón) al alcance de la mano.

¿Por qué no hacerlo sencillo cuando no se puede hacer complicado? Probablemente, si hubiéramos dispuesto de una logística a lo James Bond, no nos hubiéramos hundido en un océano de indecisión en el momento de las decisiones; no fue el caso. ¡Cuántas maletas atiborradas de material de propaganda habían pasado de la forma más sencilla por el Perthus, en ese principio de los años sesenta, gracias a las posibilidades que ponía gratuitamente a nuestra disposición y sin saberlo la compañía de *Cars Verts* que ofrecía el servicio regular Perpiñán-Barcelona! El truco utilizado movilizaba en total a dos personas: la que efectuaba el viaje debía ser necesariamente de nacionalidad no española, francesa a ser posible, y tener una excusa plausible para justificar en caso de problema su presencia en el autobús. La misión de la segunda consistía en cargar la maleta en el compartimento de equipajes y eclipsarse lo más discretamente posible; nadie debía relacionar la maleta, el que la había manipulado y el viajero. Este último sólo tenía que asegurarse de que no se había hecho ningún control de equipajes al pasar el puesto fronterizo; no podía ser más sencillo. Esta colaboración con la compañía de transportes funcionó sin grandes problemas hasta que tuvo el mal gusto de exigir en el embarque de equipaje la presencia del propietario, provisto de documentos de identidad.

Como anécdota, he aquí un hecho que hubiera podido tener consecuencias desagradables: en un paso, un compañero italiano hacía de viajero. Previamente a su acceso al autobús, una bolsa para la compra —lo más anodina posible, aunque una parte de su contenido lo era mucho menos— se había colocado en la red destinada al equipaje de mano. Al final de la tarde, una llamada de los compañeros de Barcelona nos informaba de que el viajero había bajado sin su equipaje, y como nadie lo reclamaba, el chófer se lo volvía a llevar a Perpiñán. Gran problema el nuestro; la pregunta del millón: ¿el paquete había sido abierto o no? ¿Había que olvidarse de esta vía que nos era tan útil, o intentar recuperar el paquete a pesar del riesgo? La única compañera del grupo, Jeanine Lalet, no española ni remotamente, decidió con una sangre fría asombrosa hacer un esfuerzo, pretextando un olvido de su suegra, y recuperó el paquete (muy fuerte, ¿no?).

Inevitablemente, tuvimos que renunciar a la comodidad de los autobuses de turismo y contentarnos con la tosquedad de los camiones. Afortunadamente, un compañero, camionero de oficio y además libertario, que iba y venía de Valencia a Perpiñán se encargó de transportar los paquetes que le llevábamos al peaje de Le Boulou. Nos ayudó así durante bastante tiempo hasta que conseguimos ser casi autónomos en esta materia, lo que fue una realidad en 1964.

Mientras tanto, nos esforzábamos en poner en práctica a nivel local y, en la medida de nuestras posibilidades, las resoluciones en cuya elaboración habíamos participado en el pleno de la FIJL que tuvo lugar a finales de 1961. El análisis que hacíamos de la situación político-económica ponía en evidencia el grado de radicalización de los movimientos sociales y de oposición al régimen y las componendas que se perfilaban en el horizonte entre el neocapitalismo español (apoyado por los tecnócratas del *Opus Dei*) y la oposición republicana en el exilio, para favorecer la integración de España en el mercado común (y, por qué no, en la Alianza Atlántica), a cambio de una ligera liberalización del régimen y de una posible vuelta al redil de la oposición más moderada. La emigración a Europa de su mano de obra excedentaria y el maná de las divisas que el turismo engendraba suponía un balón de oxígeno para la economía española. Así que habíamos llegado a la conclusión de que era necesario radicalizar nuestra acción y aportar nuestra contribución libertaria a la acción activa y revolucionaria, intensificando el trabajo de propaganda (octavillas, panfletos, periódicos) y llevando a cabo en toda la península acciones espectaculares impactantes, por supuesto, pero no mortales, dirigidas a los símbolos del Estado, para centrar la atención de la opinión internacional sobre ese país.

Cumplir esos objetivos implicaba para nosotros a nivel local hacer a la vez dos acciones complementarias pero diferentes:

En el Interior: paso del material de propaganda, paso y alojamiento de los compañeros en misión, asegurar si era necesario los enlaces, los contactos.

En el Exilio: realización de carteles, octavillas y actividades de todo tipo destinadas a la opinión pública para recordar a los que no lo sabían, o lo habían olvidado, que el régimen español era una dictadura.

Una acción de propaganda específica estaba destinada a los trabajadores emigrados que trabajaban en la industria de la construcción y en la agricultura. Se trataba de la publicación de un boletín humorístico, *El Cencerro*[20] que se esforzaba en tratar con ironía la realidad española. Siempre cuidadosos de hablar mal de Franco sólo en *petit comité*, y como nosotros no éramos en el seno de la comunidad ibérica los únicos en esforzarnos, reflexionamos detenidamente sobre la manera de distinguirnos de los otros miembros del exilio. Se adoptó la idea de hacer nuestras octavillas o pequeños folletos más atractivos, es decir, abordando los mismos problemas, pero desde el ángulo de un humor feroz. El formato era inusual, poco común: tres hojas de 30 por 22 centímetros, dobladas en dos en sentido longitudinal, formaban un documento fácil de meter en el bolsillo. Estaba redactado en español, por supuesto, pues estaba destinado a los trabajadores emigrados, y especialmente a los camioneros que aparcaban en el gran mercado de Saint-Charles en Perpiñán. Nuestra iniciativa tuvo éxito, los chóferes los cogían con agrado y los comentaban entre ellos. Sacamos en dos años ocho números, pero de poca tirada pues estos folletos estaban «hechos en casa», su elaboración y su distribución nos llevaba bastante tiempo. En esa época sólo disponíamos de un único ciclostil un poco reticente y con pocos medios para permitirnos los servicios de un impresor. Sobre todo, porque todos los gastos estaban a cargo del grupo: pasos, desplazamientos, octavillas, carteles, alojamiento, etc. No teníamos, como los comunistas y otros marxistas ibéricos, grandes «partidos hermanos» prestos a apoyarnos.

Nosotros también tomábamos parte, en el seno de la colonia libertaria, de toda actividad recreativa (teatro) que atraía a mucha gente y nos permitía entrar en contacto con jóvenes emigrados.

En fin, *the last but not the least*, debíamos encontrar ayuda financiera entre los compañeros que apreciaban lo que hacíamos. Esta «colecta» nos dejó un regusto amargo y nos dio materia de reflexión en cuanto a la dependencia —incluso inconsciente— del militante anarquista respecto del Comité depositario y garante de la ortodoxia. Algunos que nos habían ayudado se negaron después, simplemente porque el Comité les había dicho que éramos irresponsables y «comunistoides». Este último calificativo nos fue atribuido porque nos habíamos atrevido a relacionarnos con comunistas a fin de participar en un mitin organizado por la Liga de los Derechos del Hombre en favor de los presos políticos españoles. No teníamos ningún complejo de inferioridad ni de superioridad hacia los comunistas, éramos conscientes de su tendencia a confundir y manipular.

También habíamos tenido contactos con un grupo trotskista que quería trabajar con nosotros en favor de los presos españoles, con la voluntad evidente de tomar las riendas. Es verdad que entre nosotros y los marxistas —fueran leninistas o trotskistas—, no había química: ellos pretendían ser puros y duros, y su concepción de la militancia no era la nuestra. Nuestra tendencia a no tomarnos demasiado en serio les molestaba.

Lo que no comprendían los compañeros libertarios subyugados por el Comité, es que, si los comunistas venían a «captarnos», era sencillamente porque nuestra actividad, nuestra presencia (FIJL), tanto en España como en el exilio, no pasaban desapercibidas.

Para cerrar el capítulo de las relaciones muy particulares que existían entre el Comité y nosotros, he aquí un detalle muy significativo. Los obreros de la fábrica de muñecas Bella en Haut-Vernet estaban en huelga.

Uno de nuestros vecinos, que trabajaba en esta fábrica y a quien conocíamos desde hacía una eternidad, nos pidió que hiciéramos un texto sobre su huelga. Lo hicimos y lo enviamos a *Combat syndicaliste* que lo publicó. Ese texto gustó mucho a los huelguistas y fue distribuido en la fábrica; sin embargo, el comité de redacción del periódico recibió de parte de la CNT local una lluvia de críticas por haber publicado un texto sobre la huelga de no cenetistas.

Es evidente que nosotros no estábamos ociosos; a menudo, prevalecía la improvisación y los resultados eran a veces rocambolescos, pero por suerte en lo que nos concierne, nunca dramáticos, como lo fueron, desgraciadamente, para tantos otros. El paso de la frontera fue durante un tiempo extremadamente fácil, muy lejos de la idea que nos habíamos hecho al principio; ni montañas que escalar ni torrentes que atravesar. Sólo necesitábamos un vehículo —incluso tan vetusto como el que teníamos a nuestra disposición—, cuatro compañeros/compañeras, dos de los cuales debían ser obligatoriamente de nacionalidad francesa; mucha buena voluntad, una pizca de suerte, mucha organización, y la cosa era factible.

El lugar del delito: Bourg-Madame. En esa época, todo francés que deseara ir de compras a Puigcerdá podía obtener un permiso válido durante 24 horas; por supuesto debía presentar sus documentos de identidad. El compañero «invitado», del que teníamos una descripción, debía llevar un signo distintivo convenido. Mucho antes de la hora de su llegada, la pareja solicitaba los permisos, hacía algunas compras y volvía a Bourg-Madame; el chico se quedaba y la chica volvía con los dos permisos. Cuando el tren llegaba, hecha la identificación, la chica entraba en una tienda, seguida por el invitado, hacía algunas compras y, cogidos del bracete, volvían a pasar la frontera. Cerca del puesto aduanero francés, el cuarto tipo vigilaba el paso dispuesto a intervenir en caso de control por parte de los representantes de la autoridad francesa y declarar, con un documento emanado de la CNT en el exilio (uno falso que habíamos hecho), que el infractor solicitaba asilo político. Nunca fue necesario.

Evidentemente, había siempre un riesgo a pesar de las precauciones tomadas; era el momento en que el chico se reunía con la chica entre la multitud, pues era absolutamente imposible saber si no era seguido. Es verdad que, si el invitado era demasiado conocido, este sistema no se utilizaba. En cambio, se adecuaba perfectamente cuando el objetivo buscado era no dejar huellas del paso. Los compañeros de la CFDT y del PSU de Perpiñán tenían otra red y nos habían sacado del apuro en dos ocasiones; las relaciones con ellos eran excelentes. Jorge Conill utilizó nuestra red, como tantos otros; había sido contactado ya, en circunstancias bastante rocambolescas, por una compañera del grupo en Barcelona.[21]

Una anécdota sobre los pasos: un día tuvimos la visita de un compañero de Hong-Kong recomendado por los compañeros de Toulouse; debía contactar con un grupo de Barcelona. Le organizamos una cita con Jorge en la plaza de Cataluña, tal día a tal hora, y como el azar hace a menudo mal las cosas, el mismo día en el mismo lugar, y prácticamente a la misma hora, hubo una manifestación estudiantil importante. Nunca supimos qué había sido del compañero venido de tan lejos...

Otra anécdota sabrosa: un día se nos presentaron dos jóvenes, uno llevaba una maleta voluminosa, el otro decía ser *El Comandante*, y presentó al que llevaba la maleta como su ordenanza. Afirmaba ser enviado por los compañeros de la calle Belfort en Toulouse, sede de la CNT en el exilio, y pedía, exigía casi, que los pasáramos *tras los montes* a él, al ordenanza y la maleta, sin más. Aunque dotados de un sólido sentido del humor y de una fértil imaginación, nos costó tanto apreciar el lado grotesco de la historia como convencer a nuestro belicoso interlocutor de que estaba en un error. Nosotros éramos, por supuesto, refugiados políticos españoles como tantos otros, pero de ahí a ser lo que él suponía que éramos, había un paso que —como la frontera— no podíamos cruzar. Obstinados y no convencidos, al día siguiente volvieron a la carga...

Otra anécdota, real como la vida misma, contada por su protagonista involuntario que hizo reír bastante a los compañeros y animó varias reuniones. El compañero se dirigió en Barcelona a la dirección que se le había indicado, llamó a la puerta y dijo: vengo de parte de Tarzán (era el apodo de un compañero de París). La persona que le abrió la puerta quedó con los ojos como platos y un poco inquieta pues nuestro «agente» se había equivocado de puerta; lo enmendó como pudo, es decir, mal, dejando una duda sobre su salud mental. Siempre hay, a pesar de lo serio de los problemas a afrontar, un pequeño rincón donde anida un poco de humor, hay que saber apreciarlo; un compañero que había cruzado la frontera a través de la montaña en invierno nos había contado su odisea tantas veces que lo habíamos apodado el Yeti.

Floreal, el camionero que fue detenido; Kiko, el milanés, que con su compañero recorrió en moto la península como turista algo especial; el Yeti, Conill,

Granado y Delgado, que fueron ejecutados a garrote (este último pasó algunos días con nosotros antes de realizar su último viaje a España)... De esos compañeros y de tantos otros guardamos un recuerdo inolvidable pues todos eran de una gran generosidad, y esta se requería para implicarse en una actividad tan exigente en ese ámbito. En esas circunstancias se comprende mejor el sentido de la palabra «familia», al que con frecuencia hacían alusión los viejos compañeros que habían militado antes y durante la revolución. Pues se genera tal oleada de fraternidad y de solidaridad entre todos los que participan en una acción común -cada uno según sus posibilidades- y están animados de un mismo ideal, que se podría considerar que la persona que no ha sabido o querido salir de su jardín privado, de su perímetro de vida encorsetada por los imperativos del éxito material, no ha vivido más que a medias.

En cambio, nosotros pasábamos de un mundo a otro sin realmente darnos cuenta, tan natural nos parecía, del mundo de la vida cotidiana, con sus placeres y sus disgustos, sus exigencias y sus responsabilidades, a un mundo totalmente distinto, también exigente, pero con problemas diferentes, sin duda. Es evidente que la acción militante a ese nivel era apasionante, a pesar de los riesgos que corríamos, pues daba la impresión de poner en práctica palabras y frases, de ser un elemento de la cadena de solidaridad y de fraternidad que era la familia libertaria.

Pero en todo hay dos caras, el compromiso militante no escapa a esa regla. Todo militante que quisiera ser un poco realista debía tarde o temprano afrontar un serio problema: conciliar la vida de todos los días, la suya y la de sus familiares, con las exigencias del compromiso, devorador de tiempo y de posibilidades. Determinar el grado del compromiso que, a menos de ser absoluto (lo que supone una disponibilidad total y dejar de lado el resto), no es más que una serie de ajustes, de transacciones, la búsqueda permanente de un precario equilibrio entre lo que es posible y lo que no lo es; incluso había que determinar qué quería decir posible. El compromiso no podía ser más natural para todos los que se involucraban en la acción, hasta tal punto que les parecía inconcebible tomar en consideración las consecuencias que se derivaban, no sólo para ellos sino para sus familias.

Sin embargo, estos Ícaros, estos Don Quijote no podían emprender el vuelo más que gracias a aquellas que aseguraban la logística, y que tuvieron que asumirlo ¿podía ser de otra manera? Ellas no cuestionaban el papel secundario que solían tener ni el compromiso en sí mismo, pero a veces su importancia. Lo mejor era cuando la pareja participaba en una acción siendo consciente del riesgo que implicaba y se esforzaba en reducirlo gracias a una reflexión común y a una seria preparación. Era nuestro caso cuando se trataba de meterse en la boca del lobo, de establecer contactos, de recoger o dar información; y eso no era fácil para quien actuaba, ni para quien esperaba.

Aquella con quien comparto la vida tuvo que asumir en muchas ocasiones el papel de agente de enlace, tanto en Cataluña como en Aragón. Contaba la angustia que sentía durante toda su estancia tras los montes, el menor retraso en la cita de parte del contacto abría de par en par las puertas de un mundo lleno de interrogantes. Aportaba su contribución a la acción común, asumiendo los riesgos que podían derivarse, no como muchos de nosotros que, en cierto modo, teníamos una herencia que asumir, sino sencillamente porque soportaba, y soporta todavía, mal la injusticia. Ella quería ir más allá de la simple protesta. Un gran aplauso a todas las que aseguraron la vida cotidiana y el alojamiento, así como a las que no dudaron en ir más lejos.

¿Era ingenuo creer (sin duda, en retrospectiva, se puede considerar así) que con nuestra acción podíamos derribar el régimen o precipitar una acción democrática, en espera de algo mejor? No hay que olvidar que en esa época aún era razonable esperar que la suma de revueltas individuales, unidas unas con otras y potenciadas podían llevar a la revolución. Quizá éramos ingenuos creyendo que la acción revolucionaria alentaría a las nuevas generaciones, las que no habían conocido la guerra ni sufrido sus consecuencias inmediatas, a ir más allá de la simple revuelta. Sin duda habíamos subestimado la apetencia del obrero ibérico por mejores condiciones de vida, con las que había estado en contacto en sus estancias por motivos de trabajo en los países de Europa, y por un régimen un poco más democrático, siempre que, por supuesto, la transición se hiciera sin dolor.

¿Esas consideraciones hubieran influido en nuestro compromiso? Es posible dudarlo pues, respecto a éste, continuábamos la época de antes y durante la guerra, e inconscientemente nos sentíamos depositarios de las aspiraciones de una gran parte del proletariado ibérico: ¿combate de vanguardia o de retaguardia? Indudablemente esta acción era más apasionante, más movilizadora y romántica que la sola militancia sindical y social que hubiéramos podido desarrollar en cualquiera de los países europeos en el que el exilio nos había diseminado.

Éramos exigentes respecto al buen funcionamiento de nuestra organización; habíamos roto tantas lanzas ante la ausencia de sentido crítico de parte de muchos viejos compañeros contra los comités y la santa CNT que éramos muy críticos con nosotros mismos. Crítica constructiva, por supuesto, como se dice hoy día. La fraternidad que nos unía no impedía el cuestionamiento y las disputas cuando las considerábamos necesarias, sobre todo cuando el error de apreciación o la metedura de pata podía tener consecuencias graves; nadie se libraba. Sin embargo, estábamos lejos de ser militantes puros y duros, excepto para algunas tareas en que la seriedad se imponía; para el resto éramos indulgentes y propensos al buen humor.

LAS DETENCIONES

En lo que concierne al grupo, el año 1963 fue un año decisivo cargado de acontecimientos de importancia como la ejecución de Delgado y de Granado el 17 de agosto[22] y la redada del 11 de septiembre de las autoridades francesas contra la FIJL en toda Francia.

Según un acuerdo entre la policía franquista y la de la República francesa, se había convenido que España se encargaría de reprimir a los agitadores de la OAS[23], y que Francia neutralizaría a los anarquistas españoles que habían llegado a ser demasiado activos. La redada del 11 de septiembre dio lugar a la detención de 21 compañeros, pero no pudo ser más decepcionante para la policía respecto a la recogida de información, de documentos y de pruebas. La responsabilidad de ese fiasco correspondía, en parte, a dos inspectores de policía de Perpiñán, algo corruptos, que mostraban una propensión a beber bastante. Fueron el granito de arena que alteró (en parte, no seamos presuntuosos) el buen funcionamiento del plan cuidadosamente ideado por los diferentes servicios de policía de Francia y de Navarra.

Pero volvamos unas semanas atrás. Por razones totalmente ajenas a nuestra voluntad, fuimos los primeros en tener derecho a los honores de la prensa y a sufrir la cólera de las autoridades de la República. A mediados de agosto, una gran parte del grupo estaba de vacaciones. El 17, nos enteramos de la ejecución de nuestros dos compañeros. A toda prisa, nos reunimos el 23 y decidimos hacer una enorme pegada de carteles en la ciudad la tarde del 26. Un compañero de Quillan que se encargaba de una pequeña imprenta, confeccionó enseguida los carteles y nosotros organizamos varios equipos. Unos compañeros de París que estaban de paso hacia el Perthus (donde debían contactar con compañeros del otro lado y entregarles, entre otras cosas, un par de pistolas, pero cuya cita no pudo celebrarse) propusieron ayudarnos. Uno de ellos formó equipo con un chico del barrio y empapelaron la zona de la estación. Su actividad no pasó desapercibida pues, a diferencia de otras veces anteriores, no tomamos precauciones, incluso sabiendo que como extranjeros nos exponíamos a tener problemas.

Los dos excelentes detectives ya citados habían echado el ojo a uno de los muchos bistrós que jalonan la avenida de la Gare de Perpiñán. Según la ley de probabilidades, había una posibilidad entre un millón de que se encontraran dos policías de segunda y dos pistolas (que nunca hubieran debido estar en el maletero del coche de los que pegaban carteles). Pero después de interrogar a los dos que pegaban carteles, nuestros dos representantes del orden quisieron causar sensación: identificación, cacheo, registro del coche, lo que era una primicia en materia de delito de colocación de carteles, incluso ilegal. Al encontrar las dos pistolas, los policías creyeron haber descubierto el golpe del siglo. Interrogatorios un poco violentos, intimidaciones, detención, fueron el principio de un montón de problemas; pero, como resultado, el asunto minimizó los daños de la redada posterior. Pues, por supuesto, las detenciones de compañeros más o menos cercanos, los registros domiciliarios y finalmente el alojamiento gratuito que nos ofreció la administración penitenciaria provocaron agitación y desencadenaron la imperiosa necesidad en los compañeros de «poner orden» a nivel nacional.

Por precaución, en el curso de la reunión preparatoria nos pusimos de acuerdo en lo que había que decir si había problemas: la participación en la pegada de carteles era un gesto de protesta contra la ejecución y un gesto de solidaridad con los presos políticos en España, y en caso de presión por parte de los policías, había que decir que no se sabía quién estaba en el origen de esa iniciativa. Queríamos, en caso de problema, circunscribirlo al máximo, focalizar la atención de los policías sobre una sola persona. En realidad, nos dimos cuenta más tarde, con los registros que siguieron en el domicilio de compañeros que no habían participado en la pegada de carteles, o que no habían sido interrogados en el curso de esta, que nosotros estábamos ya en la lista de los libertarios a encarcelar el 11 de septiembre. El exceso de celo de nuestros dos Vidocq[24] no había hecho más que precipitar a nivel local la redada prevista a escala nacional.

A la mañana siguiente, 27 de agosto, el compañero de París que estaba de vacaciones, y el «responsable de guardia» fueron convocados a la Policía Judicial. En el curso de los interrogatorios se hizo evidente que lo que les interesaba no era la pegada de carteles ni la actividad antifranquista clásica sino los lazos que se suponía que teníamos con el CIL (Consejo Ibérico de Liberación).[25] La forma en que se desarrollaron los interrogatorios y los careos puso en evidencia el hecho de que, si los inspectores de información que se ocupaban de nosotros hacían su trabajo, lo hacían sin mucho empeño. Se contentaban con grabar nuestras explicaciones sin presionarnos, en verificar si en los pasaportes de aquellos o aquellas que podían desplazarse *tras los montes*, las fechas de su estancia coincidían con aquellas en las que hubo «actos delictivos».

En cambio, el equipo de inspectores enviados de la sede de Montpellier que realizaban registros domiciliarios era mucho más tenaz; detectaba la menor contradicción en nuestras declaraciones, las manipulaba e intentaba hacernos decir lo que quería oír, no dudando en mezclar el CIL con la SIA y la FIJL…

Los libertarios, que eran una fuerza organizada y viva en el seno de la colonia española, para el Estado francés tenían una cualidad apreciable, la de no ser comunistas y, con su presencia, frenar de algún modo la influencia de estos últimos en la comunidad de españoles exiliados, lo que tenía su importancia en esa época.

De hecho, un movimiento libertario «razonable» en cuanto a su actividad antifranquista convenía perfectamente al poder. Más allá de ese «razonable», el movimiento libertario se hacía molesto, por lo tanto, la redada pretendía ser una advertencia espectacular sin demasiados costes, esperando que los «sensatos» del movimiento metieran en cintura a los jóvenes exaltados.

Este análisis que hacíamos del comportamiento y del objetivo buscado por las autoridades francesas se reveló bastante exacto, a la vista de la circular del Ministerio del Interior de fecha 27 de agosto de 1963[26], que conocimos solamente hace algunos años. Es evidente que Francia «debía» tomar serias medidas, accediendo a la demanda de las autoridades españolas que se quejaban de la permisividad de que se aprovechaban los anarquistas españoles en suelo francés, pero no demasiado. Y el brutal asesinato de Delgado y Granado incomodaba a las autoridades francesas, lo que explicaría por qué el plan de represalias contra las "maquinaciones terroristas" de los anarquistas españoles, decidido el 27 de agosto, no fue puesto en marcha hasta el 11 de septiembre, quizá para dejar que el tiempo calmara la indignación que la muerte a garrote de Granado y Delgado había generado.

La circular mencionada anteriormente, además de una situación general bastante grotesca, enumera una larga lista de personas que hay que detener, y un montón de domicilios que registrar.[27] En los interrogatorios sufridos en Perpiñán, lo que interesaba sobre todo a los investigadores era las relaciones que teníamos con el Consejo Ibérico de Liberación (CIL). Se nos acusó de ser miembros de la FIJL y de estar en relación con muchos libertarios italianos y españoles, así como de hacer muchos viajes a España. La —«administrativamente tolerada» en el momento de las acusaciones— era considerada por las autoridades como partidaria «de acciones subversivas». El solo hecho de distribuir octavillas de la FIJL en la vía pública denunciando la ayuda financiera que aportaban los turistas extranjeros a Franco[28] era merecedor de duras sanciones.

El caso perpiñanés ilustra la indecisión de las autoridades francesas respecto a nosotros: mano firme sí, pero no demasiado, parece haber sido su línea de acción. De las seis personas a detener, las cuatro que podían tener relaciones con el tan temible CIL —si no de formar parte— lo fueron, después se las puso en libertad. En cambio, el único en ser encarcelado fue el quinto por el solo hecho de haber sido «Fijlista» y «la cabeza pensante» (¡caramba!) de la gran expedición que decoró los muros de la ciudad de un montón de carteles de color rojo sangre.

El involuntario anticipo perpiñanés del 26 de agosto provocó, sin embargo, cuatro detenciones. Los dos parisinos, más el que estaba de vacaciones y el responsable local de servicio fueron llevados al juez de instrucción que no encontró nada mejor que encerrarlos acusados de asociación ilícita, a la que se añadió delitos tipificados en la ley de asociaciones políticas extranjeras. Exceptuando las primeras horas después de la detención, durante las cuales temíamos una expulsión *manu militari* a España, la moral era bastante buena. Sabíamos que esta historia no podía durar, sabíamos también que los compañeros se encargarían de «mover» a los sindicatos, las asociaciones y los partidos políticos, y sobre todo que las familias no pasarían necesidad.

CÁRCEL

De nuestro paso por la calle Derroja (dirección de la cárcel de Perpiñán) guardamos un recuerdo bastante especial. En aquel momento, el fin de la guerra de Argelia era muy reciente; algunos jóvenes argelinos encarcelados por delitos menores procuraban estar cerca de nosotros, «los políticos». Discutíamos con ellos de la revolución argelina, del futuro de su país y de autogestión, nada menos... Además del papel de «pedago-go», ejercíamos el de escribiente, suministrábamos el papel, sellos y sobres a quien lo necesitara; es, sin duda, gracias a todos estos servicios que prestamos a todo el mundo que nuestros armarios, que no estaban cerra-dos con candado, no fueron registrados nunca, práctica bastante corriente. Mes y medio después de nuestro encarcelamiento, M. Simon, el juez de instrucción que supervisaba toda la operación desde París, quiso tener una entrevista con nosotros y nos ofreció una estancia en la capital, alojamiento y cubierto en la Santé, donde tuvimos el placer de encontrarnos con los compañeros detenidos en la gran razzia del 11 de septiembre.

La superpoblación en el medio carcelario es un gra-ve problema de nuestros días; era tanta o más en esa época. La celda A104 era un espacio de unos 14 metros cuadrados, equipado con cuatro literas superpuestas, con cuatro jergones y otros tantos armarios de pared, y provisto de un grifo y de un WC de lo más rudimenta-rio. La pared frontal tenía un tragaluz. Para los cuatro tipos que no se conocían de nada, que sólo los avatares de la vida habían hecho que se encontraran, el único medio de no perder la cabeza en ese encierro de 23 ho-ras sobre 24, era la evasión; la evasión mental, el im-pulso de levantar, de vez en cuando, un muro imaginario detrás del que aislarse de la mirada de los otros. Nos podíamos considerar afortunados de haber caído en una «buena» celda, cuyos ocupantes podían ser considerados normales; en caso contrario, era el infierno al final del pasillo.

Una nota cómica, si se la quiere considerar así: después de nuestra entrevista con el juez y una estancia de unas horas en las celdas del palacio de justicia, hicimos una llegada a la Santé bastante destacable. Con los recién ingresados, fuimos invitados a poner nuestras cosas personales en una manta extendida en el suelo, a desnudarnos y poner nuestra ropa sobre la manta, hacer un hatillo, y, en traje de Adán, ir a una habitación al fondo. El espectáculo era humillante, hasta tal punto que nos negamos a movernos sin habernos puesto al menos un slip. Nos amenazaron con el calabozo, nos auguraron malos tratos, pero los gritos cesaron cuando llegó un mando que nos autorizó a ponernos el slip. Seguramente nuestra «calidad» de refugiados políticos, y la razón por la que estábamos detenidos jugaron a nuestro favor. Enseguida fuimos separados y repartidos en diferentes celdas. Al cabo de unos días, escribimos al director de la cárcel para solicitar que nos pusiera en la misma celda. La dirección respondió que no era posible, pues era norma en las cárceles francesas separar a los acusados detenidos por el mismo asunto. Con nuestro mejor estilo, le hicimos notar amablemente que en Perpiñán estuvimos juntos durante mes y medio, y que, si hubiéramos querido tramar cualquier cosa, habíamos tenido bastante tiempo para hacerlo. Unos días después, José [Morato] ingresó en la comunidad de la celda A104; una vez más, tuvimos derecho a un favor, fue el último.

Nuestros abogados habían presentado una demanda de libertad provisional y otra para beneficiarnos del estatuto de preso político, lo que nos habría permitido beneficiarnos de las ventajas que ese estatuto posee, aunque solo fuera estar todos juntos. Éramos aún una veintena los encarcelados en la Santé. Los más afortunados fueron liberados al cabo de un mes, otros, a pesar de la oposición del procurador, lo fueron al cabo de tres; sin embargo, los últimos, al cabo de casi siete meses de reclusión, tuvieron que hacer huelga de hambre para acelerar el proceso.

Durante nuestra detención, y con el objeto de amenizar nuestra estancia, las autoridades habían perfeccionado, en nuestro honor, una serie de castigos a repartir a la salida. Por orden de importancia: expulsión del territorio nacional, conmutado por un arresto domiciliario en el rincón más perdido de Francia. Finalmente, y gracias a la presión de los abogados, sólo se mantuvo el arresto domiciliario en el domicilio habitual. Así pues, al cabo de unos meses, estuvimos todos en libertad provisional, y como es bien sabido que lo provisional tiene tendencia a durar, se hizo definitivo y dura ya 50 años. Pues no nos consta que haya habido proceso ni juicio ni condena, y aún menos sobreseimiento (si hubiera sido así, lo hubiéramos sabido). Habíamos sido encarcelados y liberados, como suele decirse, sin otra forma de proceso; lo que demuestra que la *lettre de cachet* del Antiguo Régimen aún no era letra muerta, incluso en un estado de derecho.

Los cargos que pesaban sobre nosotros y justificaban oficialmente nuestra detención no eran creíbles. La FIJL fue prohibida oficialmente el 15 de octubre de 1963; por tanto, antes de esa fecha, era tolerada. Las detenciones tuvieron lugar el 26 de agosto y el 11 de septiembre; así que, formar parte de esa organización no era, en absoluto, una infracción a la ley sobre asociaciones políticas extranjeras. La acusación de asociación ilícita, a pesar de la ambigüedad que permitía ampliar el campo, hacía agua; ninguno de nosotros tenía antecedentes penales, todos teníamos un trabajo regular, podíamos acreditar un domicilio, teníamos una vida social de lo más normal, el resultado de las investigaciones en el vecindario lo confirmaba.

En definitiva, fue una experiencia desagradable, ciertamente, aunque enriquecedora, un paréntesis que, en el fondo, no cambió nada nuestra vida militante; en la forma, debimos, sin duda, conciliar discreción y eficacia. El grupo local, afectado al principio por esos acontecimientos, se estabilizó. Los estudiantes partieron a otros cielos universitarios, algunos jóvenes emigrados económicos simpatizantes se distanciaron de nosotros. Sin embargo, otros jóvenes también emigrados, pero más radicales aportaron al grupo una nueva dinámica.

UN NUEVO ALIENTO

Era necesario, tanto en el plano local como nacional, adaptarse a esta nueva situación que hacía de nosotros unos Robin de los bosques. A finales de septiembre de 1963 hubo en París una reunión convocada de urgencia, pues era necesario poner un poco de orden en la casa. La mayoría de los compañeros de la Comisión de relaciones había instalado sus cuarteles de invierno en la Santé. Así pues, convenía designar otro, incluso provisional, y encarrilar la organización.

En el primer congreso después de las detenciones celebrado en julio de 1964 en algún lugar de Francia (con las bermudas y las gafas oscuras de rigor), se decidió hacer de Bruselas la sede de la delegación exterior de la FIJL, y el lugar donde se imprimiría *Ruta*, periódico de la FIJL suspendido por las autoridades francesas. Se trató de la publicación en Londres de un boletín de información FIJL, destinado al exilio, y sobre todo al Interior.

Las detenciones, la voluntad de las Juventudes Libertarias de mantener una línea revolucionaria, y sobre todo el rechazo del inmovilismo en el que se había empantanado el MLE generaron movimientos de simpatía y de solidaridad activa en el seno de los movimientos anarquistas, sobre todo europeos.

Reflotada la organización, los objetivos que nos habíamos fijado implicaban una gran disponibilidad y la necesidad, a nivel local, de crear una logística mucho más importante que la que teníamos. Localmente, las relaciones con el comité CNT eran muy frías: la conmoción de las detenciones vino de perlas a los «prudentes», pues era la prueba del nueve de que nuestro radicalismo, hecho de irresponsabilidad, a la larga, pondría en peligro la existencia de la CNT en Francia.

En realidad, nuestro radicalismo, que exigía una coherencia entre decir y hacer, ponía a la CNT y a la FAI en una posición incómoda. Algunos militantes de base estaban divididos entre una simpatía evidente por la acción que nos esforzábamos en llevar a cabo —y que no estaba en el fondo muy alejada de la que fue la suya muchos años antes— y las advertencias que emanaban del Comité de la CNT, garante de la ortodoxia. Este último clamaba alto y claro que nuestra principal intención era hundir la CNT, lo que era absurdo pues la organización no tenía ninguna necesidad de ayuda para hundirse, ya se encargaba ella sola.

Por lo tanto, no podíamos contar más que con nosotros mismos y con nuestros escasos medios. Y, sin embargo, había mucho que hacer pues la preeminencia —aunque relativa— de la FIJL, en la oposición radical al franquismo, tanto en el interior como en el exterior de España, hacía que numerosos jóvenes se interesaran en la idea libertaria y fueran receptivos a todo lo que era literatura anarquista. Debimos, pues, reflexionar para encontrar una solución a ese problema.

La solución vino por otro lado: los compañeros de Aviñón nos propusieron equipar unos Citroën 2CV con un doble fondo donde podríamos colocar la mercancía. A pesar de lo que pudiera creerse, debe haber en algún lugar un dios que sienta debilidad por los anarcos pues esos vehículos manipulados tenían un gran problema, el de tener sobrecarga sólo con el conductor. Pero ese detalle del peso escapó a la perspicacia de los aduaneros, de un lado y otro de los Pirineos.

Éramos por fin competentes en lo que concierne a los pasos de frontera con total autonomía, a la que aspirábamos desde hacía mucho tiempo. Teníamos los medios, sólo quedaba llevarlos *tras los montes* y entregar la mercancía a los compañeros encargados de repartirla en España. ¡Una minucia!

Era necesario que los compañeros del grupo se encargaran por turnos de esta faena que no podía ser más delicada. A posteriori, se puede considerar que teníamos baraka pues no tuvimos que lamentar ningún problema.

Esta noria del 2CV hizo durante mucho tiempo el trayecto «Perpiñán-frontera» y el otro lado próximo. Se dice generalmente que sólo se presta atención a los ricos, y como un 2CV puede difícilmente pasar por un signo exterior de riqueza, podemos deducir que nuestra pobreza fue nuestra suerte, la de pasar prácticamente desapercibidos.

En el seno del grupo había una confianza absoluta. Las reuniones de trabajo eran laboriosas, en el buen sentido del término, y las decisiones a veces difíciles de tomar. Éramos rigurosos hasta el punto de hacer un acta de cada reunión. Sin embargo, sin darnos cuenta del todo, funcionábamos como lo que éramos realmente: un grupo de afinidad que no se preocupaba por protocolos que aún se daban en nuestros medios. Esos protocolos eran necesarios en reuniones y asambleas cuando había mucha gente, pero eran innecesarios cuando éramos pocos.

Es verdad que teníamos un comportamiento bastante laxo y poco ortodoxo que podía desconcertar a algunos compañeros que asistían de vez en cuando a nuestras reuniones. Habíamos adoptado una costumbre: todo compañero que efectuaba un «paso» del otro lado debía traer una botella de aguardiente o de otra cosa semejante. Como no se trataba de guardar las botellas en un estante como trofeos, nos las bebíamos, sin pasarnos de la raya, por supuesto. Y, sin ser un vicio, nuestras reuniones eran, si no para fumar, como mínimo llenas de humo y algunas veces interminables, lo que podía desanimar a los menos veteranos... como era el caso a menudo.

La segunda parte de nuestra tarea, importante pero menos delicada que el paso, consistía en aprovechar la menor ocasión para mostrar ante la opinión internacional, y sobre todo europea, que a pesar de las tímidas tentativas de apertura sociopolítica preconizadas por el neocapitalismo español —que no aspiraba más que a retocar el régimen, para disgusto de la extrema derecha— España era y seguía siendo una dictadura.

Éramos conscientes de que la oposición antifranquista en el exilio estaba muy interesada en esos pseudoesfuerzos de liberación apoyados por el *Opus Dei*, y calculaba ya una posible vuelta a casa, sin armas, por supuesto, pero con bagajes. Nosotros nos oponíamos a esos acuerdos, y, lanzando una campaña de solidaridad con los presos políticos ibéricos, la FIJL mataba dos pájaros de un tiro: denunciar su encarcelamiento y demostrar con su existencia que, en España, como en Portugal, no había libertad de opinión, de expresión o de reunión. En una palabra, esos países no eran Estados de derecho, al contrario de lo que afirmaban todos los que, por múltiples razones, afirmaban que estaban en vías de democratización.

A nivel local, era impensable pedir cualquier cosa a la CNT, y no había en Perpiñán un grupo libertario con cierta notoriedad, en nombre del cual hubiéramos podido emprender acciones. Tuvimos que apañárnoslas como de costumbre. Sabíamos que podíamos contar con algunas personalidades y con algunos compañeros del PSU y de la CFDT. Finalmente, fueron la Liga de los Derechos del Hombre y la Unión Racionalista quienes consintieron en patrocinar nuestras iniciativas.

Fuimos los currantes de muchas manifestaciones antifranquistas que tuvieron lugar en el departamento. Por razones evidentes, no podíamos estar en primera línea. ¿No se suponía que éramos delincuentes? De todas formas, nuestra clandestinidad no podía ser más aleatoria pues era evidente que los RG (Servicio de Inteligencia) sabían dónde y cuándo tenían lugar nuestras reuniones. La mitad del grupo estaba ya fichada después de las detenciones de 1963, y los RG sabían que la mayor parte de las conferencias, galas y manifestaciones contra Franco eran obra nuestra. Y en lo que concierne a las modalidades de los pasos que utilizábamos, hubieran podido conocerlas si hubieran querido.

Conviene señalar que ningún acontecimiento importante tuvo lugar en estos años en territorio francés; lo que explica quizá la benevolencia de las autoridades con nosotros. Es evidente que las autoridades francesas toleraban nuestras actividades si seguían siendo, digamos, clásicas y en cierto modo lo eran. Me estoy adelantando quizá, pero debían saber que, en el pleno clandestino de la FIJL de 1965, se había decidido que la organización utilizaría todos los medios, salvo la acción violenta, en su oposición al franquismo. Y que los grupos autónomos de acción se encargarían de una oposición bastante impactante, asumiendo públicamente la responsabilidad de sus actos, como fue el caso del secuestro de monseñor Ussía, a finales de abril de 1966. Podríamos decir que la FIJL estaba compuesta por un brazo político y un brazo armado. Esto puede parecer exagerado o pretencioso, vista la escasez de medios de que disponíamos, pero en el fondo era un poco así.[29]

En julio de 1967, organizamos, en favor de los presos políticos españoles y portugueses, una semana de actividades de todo tipo, exposiciones, conferencias, galas cinematográficas: durante ocho días completos, la España franquista fue puesta en la picota en Perpiñán. Ibars,[30] preso libertario detenido desde hacía 20 años, había pintado una veintena de cuadros que los compañeros habían conseguido sacar de la cárcel. Eran la columna vertebral de estas actividades. Su obra fue doblemente apreciada: por la fuerza de su pintura y por el mensaje que transmitía. La prensa local dedicó muchos artículos al pintor y, a través de él, a los prisioneros políticos.

Durante toda una semana tuvieron lugar diversas actividades en solidaridad con los presos y contra el franquismo. Además de la exposición «Ibars», que fue el centro de interés, mucha gente asistió a las conferencias sobre la situación político-sindical en España y en el exilio, y sobre todo a las proyecciones sobre cine ibérico de los años sesenta: *Nunca pasa nada* (*Une femme est passée*), de Bardem, *Guernica*, de Resnais, y montajes de informaciones sobre la guerra civil.

En conclusión, aunque poco numerosos y sin representatividad alguna, habíamos conseguido que los presos políticos españoles estuvieran en cartelera en Perpiñán. Estas jornadas de actividades fueron patrocinadas, por supuesto, por la Liga de los Derechos del Hombre y la Unión Racionalista. Ellas nos permitieron entrar en contacto con muchas personas y, sobre todo, con el Joven Teatro Popular compuesto de una veintena de jóvenes que se sentían bastante cercanos a las ideas libertarias, y que nos prestaron su colaboración en varias ocasiones.

Siempre desde la misma perspectiva, la de sensibilizar a la opinión pública (esta perseverancia pone en evidencia nuestra ingenuidad), la organización utilizaba todos sus recursos para denunciar la ilusoria liberalización del régimen. Asistimos a un intento de seducción por parte de los que, por razones comerciales, pretendían que había que ayudar a los que tenían buena voluntad (se sobrentiende el neocapitalismo ibérico). Ellos favorecían los intercambios comerciales con España esperando la pronta entrada de ésta en el Mercado Común.

Dejando a los grupos más vehementes —como el del *Primero de Mayo*— la tarea de ejecutar acciones espectaculares, nosotros continuamos buscando ocasiones de hablar mal del franquismo, no sólo en petit comité. Sabíamos que cada año la Asociación de Amigos de Antonio Machado conmemoraba la muerte del poeta, ocurrida en el exilio en Colliure en febrero de 1939. Le propusimos dar un poco más de relieve al acontecimiento, sin ocultarle que teníamos la intención de denunciar el régimen franquista al mismo tiempo. Tranquilizada al saber que la LDH y la Unión Racionalista patrocinaban esas actividades, la Asociación aceptó.

Por supuesto, la organización y la financiación estaban totalmente a nuestro cargo. Afortunadamente, estuvimos bien respaldados por muchas personas con las que teníamos relaciones muy cordiales. Ese fin de semana se articuló sobre tres actividades: conferencia sobre Machado con un profesor de letras de la facultad

de Poitiers que había conocido al poeta; un viaje a Colliure, y, sobre todo, lo que debía ser el punto culmi-
nante de esos dos días, una gala artística en el teatro
municipal.

El grupo Joven Teatro Popular nos prestó apoyo y
entusiasmo: nos puso en contacto con actores de la
Comédie del Rosellón, y con Jean-Claude Raucoules,
profesor de guitarra. Invitamos a los amigos del Teatro
Español de Toulouse, así como a Paco Ibáñez a quien
conocíamos personalmente. Marcel Oms, figura local
del mundo cultural, nos prestó su valioso apoyo como
de costumbre. Todos los artistas participaron gratuitamente —no esperábamos menos— en este acto que fue
un éxito absoluto. El teatro municipal estaba abarrota-
do de un público ferozmente antifranquista. La prensa
local se puso de acuerdo y publicó artículos elogiosos.
Sacamos varias conclusiones de esta iniciativa. Nuestro
grupo consagraba la mayor parte de su actividad a apo-
yar y a satisfacer, en la medida de lo posible, las necesi-
dades de los grupos libertarios de España. No obstante,
se había convertido, a nivel local, en un elemento que
contaba en la nebulosa de la extrema izquierda. Participábamos en reuniones y acciones que, a menudo,
consistían en construir castillos no sólo en el aire. Pese
a las divergencias de opinión, teníamos muy buenas
relaciones y encontrábamos a menudo un consenso.

Nosotros estábamos presentes para disgusto de los comunistas españoles, que no apreciaban demasiado nuestra demasiado activa presencia, y de la CNT enquistada en su cauto inmovilismo, demasiado atareada en sobrevivir.

Para ese fin de semana «Machado» tuvimos que hacer frente como organizadores a gastos bastante importantes, pues teníamos, al menos, una quincena de artistas a alojar y alimentar. Pedimos a los compañeros de la CNT más simpáticos compartir los gastos, y funcionó de maravilla. Esta gala confirmó lo que ya sabíamos; pese a la etiqueta de «comunistoides» que nos había otorgado el Comité, no teníamos ningún punto en común con los marxistas, sobre todo con los «organizados», como lo eran los del grupo de Montpellier que nos propuso ayudarnos para tergiversar el acontecimiento. Eso no tenía ningún sentido para nosotros pues estábamos absolutamente seguros de que el público sería receptivo a nuestra acción antifranquista, y por extensión, antifascista, y —para todos los que nos conocían— libertaria. Además, no íbamos a cortar la rama sobre la que estábamos sentados y adelantar por la izquierda a la LDH y la Unión Racionalista que confiaban en nosotros. Fueron suficientes dos reuniones para constatar que nuestra forma de militar estaba en las antípodas de la de los marxistas, con el agravante de que no conocían las virtudes de la autocrítica, muy a menudo saludable. Pues reírse de uno mismo de vez en cuando relativiza los problemas y contrarresta la tendencia tan común que consiste en sobrevalorarse y creerse irremplazable, tanto a nivel individual como colectivo.

El secuestro y la posterior liberación de Ussía, consejero eclesiástico ante la embajada de España en Roma, en la primavera de 1966, tuvo una resonancia importante en Europa y en otros lugares. Esta acción tuvo el mérito de llamar la atención sobre la situación de los presos políticos en España. Podía contribuir a malograr la entrada de España en el Mercado Común, que sólo las exigencias del Tratado de Roma en materia de libertades de asociación, opinión, etc., frenaban. Consoló a muchos militantes de la CNT que se daban cuenta de que la FIJL, pese al calificativo de irresponsables que le daban los partidarios del *sello de goma* (los «ortodoxos» que poseían el tampón del Comité), continuaba con el objetivo que se había fijado: volver a poner al MLE en la acción no sólo antifranquista sino también revolucionaria, lo que había sido su razón de ser.

Sin embargo, muchos de esos viejos compañeros que habían hecho frente al levantamiento nacional, que habían estado en el frente o se habían esforzado en poner en práctica en el día a día aquello a lo que aspiraban desde hacía décadas (el comunismo libertario), esos compañeros se daban cuenta de que la CNT española no era más que una cáscara vacía. Se mantenía a la espera de un regreso a España cada vez más hipotético. Sin duda subsistía una palabrería revolucionaria pero no se concretaba en la acción. El activismo de la FIJL ponía de relieve la inactividad de la CNT y de sus militantes. Por lo tanto, no le quedaban más que dos alternativas: aceptar la idea de que estaba desfasada, o rechazarla y vociferar contra los irresponsables extremistas que ponían en peligro la existencia misma de la CNT en el exilio, y, en consecuencia, la presencia de ésta en una futura nueva situación en el panorama político-sindical.

La desintegración del franquismo, debida, no a la presión de los partidos políticos de la oposición ni a las organizaciones sindicales clásicas, sino sobre todo a la del neocapitalismo, reactivaba para los primeros la perspectiva de un regreso al país con un precio a pagar: concesiones que hicieran la transición política aceptable para todos. La política de wait and see se instaló, por tanto, es decir la de «no hacer nada que pueda perjudicar a la organización» en lugar de la que debía ser la suya en el movimiento sindical postfranquista. Esta práctica justificaba el abandono —por supuesto momentáneo— de la acción revolucionaria, decidida en los congresos de Limoges de 1960 y 1961. El movimiento libertario se encontraba, en menor medida, frente al mismo dilema que en 1936: llevar la revolución hasta sus últimas consecuencias, o aceptar el compromiso en nombre del «realismo»...

A posteriori, se pueden comprender las razones de la elección «realista»: preservar la organización, ponerla en estado de hibernación esperando días mejores. ¿Pero por qué esta agresividad contra los que habían hecho una elección diferente y lógica, basándose en sus convicciones libertarias, hasta el punto de poner en guardia a los militantes (como fue el caso en Perpiñán y otros sitios) contra los "irresponsables comunistoides" que consideraban que éramos?

Este calificativo de «comunistoides» no podía ser más práctico y ambiguo pues era sugerente. Además, ¿no éramos nosotros, CNT incluida, comunistas libertarios? Hubiera sido muy distinto si nos hubiera acusado de ser comunistas, lo que hubiera sido más sencillo, pero mucho más difícil de demostrar. Es sorprendente constatar que según las circunstancias y los imperativos políticos del momento nosotros éramos percibidos como comunistoides por la CNT-FAI, comunistas por los franquistas, demócratas o antifranquistas por la prensa comunista, y como anticomunistas viscerales por las autoridades francesas de la época.

A la guerra de 1939-1945 siguió la guerra fría, y el mundo «libre», con Estados Unidos a la cabeza, consideró que España representaba el bastión anticomunista que resistiría la avalancha bolchevique en Europa. Franco, que no era tonto, explotó el filón, y en consecuencia todo opositor que quisiera acarrearle problemas, en el país o en otro lugar, era sistemáticamente acusado de comunista. Esto no les molestaba mucho pues toda acción contra Franco la ponían en su haber, no les quedaba más que cosechar los beneficios y así pasar por los únicos verdaderos opositores al franquismo. No se privaban de ello: cuando su prensa informaba sobre acciones contra el régimen que no eran de ellos, calificaba a los autores de antifranquistas como mucho. *A caballo regalado no le mires los dientes*, debían pensar.

Las autoridades francesas mostraban hacia nosotros una cierta indulgencia (excepto en 1963), siempre que nuestro antifranquismo no fuera más allá de ciertos límites. Estaba motivada por nuestro supuesto anticomunismo visceral y la idea según la cual nuestra presencia activa destacaba en el seno de la colonia española y molestaba a los comunistas ibéricos. El análisis era correcto en lo que respecta al resultado, pero falso en lo que respecta a la motivación, pues no teníamos la mente obsesionada con los comunistas, hacíamos lo que podíamos hacer sin preocuparnos de su existencia.

MAYO DE 1968

Poco después, fuimos arrollados por la vorágine revolucionaria y desafiante de Mayo del 68: ver por primera vez en Perpiñán, durante una manifestación, ondear la bandera negra fue para nosotros una maravillosa sorpresa. Sabíamos vagamente que había en Perpiñán jóvenes simpatizantes de las ideas libertarias, pero no hasta el punto de mostrar de manera tan ostentosa su afinidad política. Esta iniciativa nos complació muchísimo.

En cierto modo, por personas interpuestas, exhibíamos una presencia que durante muchos años nos esforzábamos en disimular. Vistos de cerca, los que enarbolaban la bandera eran jóvenes alumnos del liceo vestidos de negro que gritaban eslóganes de lo más depurados como: «Abajo toda autoridad», «La anarquía vencerá», «Abajo el Estado», etc.

Bueno, de todas formas, no íbamos a ser quisquillosos y nos contentamos con quedarnos cerca de ellos, sin abordarlos. Poco después, antes de que la manifestación se pusiera en marcha, el autoproclamado servicio de orden, compuesto de tipos de la CGT y del PC (nosotros conocíamos a algunos, con quienes habíamos coincidido en manifestaciones antifranquistas), rodeó el grupo de estudiantes con la intención de hacerles bajar la bandera. Nada satisfechos ante la perspectiva de ser privados de nuestro pequeño placer, planteamos al servicio de orden la alternativa siguiente: o dejaban a los jóvenes tranquilos o se enfrentarían a un conflicto mayor de lo que se imaginaban. Viendo que las personas que nos rodeaban tomaban partido por los jóvenes, el servicio de orden abandonó la partida.

Al contrario que los chicos del PC a quienes esta revolución cultural desconcertaba por el cuestionamiento de los valores que eran los suyos (autoridad, obediencia, culto al jefe) y por nuevas reivindicaciones, defensa de la homosexualidad, derecho al aborto, etc., nosotros estábamos como pez en el agua, tan sólo sorprendidos al constatar que los libertarios, tan rápidamente enterrados después de la guerra civil española, resurgían.

Estábamos allí donde pasara algo interesante y pasaban tantas cosas que estábamos desbordados. Incluso sabíamos hacernos oír en las asambleas generales de la construcción en huelga, controladas por el PC.

La relación que teníamos con los jóvenes libertarios locales no era tarea fácil. A pesar de nuestra trayectoria de contestatarios manifiestos, tuvimos que soportar un montón de reproches, algunos fundados y que nos hacían reflexionar, otros no, lo que no nos impidió, tras los chaparrones primaverales, tener muy buenas relaciones con este movimiento, a veces evanescente, a veces muy presente.

En cuanto recobramos un poco de serenidad, retomamos nuestro tema favorito: hablar mal de la España franquista tanto fuera como en petit comité, y la ocasión se presentó de nuevo. Sabíamos que el 22 de junio de 1969 tendría lugar la feria de muestras anual en el paseo de los Plátanos. Sabíamos también que, a diferencia de los años anteriores, la representación española sería mucho más importante, con el objetivo de intensificar los intercambios comerciales Francia-España, y que este acontecimiento sería celebrado con gran pompa.

Aunque no estábamos invitados, decidimos estar presentes en la fiesta y afirmar, ante el público, que era inadecuado que una democracia se relacionara con el

Estado español. Nos pusimos en contacto con algunos jóvenes antiautoritarios locales, con el grupo Joven Teatro Popular y con otros jóvenes que vivían tanto fuera como en Perpiñán, con el objetivo de montar una manifestación contestataria en forma de happening no violento, pues no queríamos exponer a los jóvenes a la violencia policial.

Aunque protagonistas de la manifestación, no participamos como actores. En caso de detención las consecuencias hubieran sido mucho más graves para nosotros y podían comprometer nuestra actividad específica de grupo fronterizo. Fue un éxito total y sin demasiadas consecuencias nefastas para los participantes. Era evidente que los libertarios eran capaces de llevar a cabo acciones originales y eficaces. El uso de la acción no violenta desconcertó a las fuerzas del orden, sobre todo al principio, y permitió a una parte importante del público testimoniar su simpatía hacia los jóvenes manifestantes. Hubo intervenciones orales, distribución de octavillas explicando las razones de la manifestación, despliegue de pancartas, etc.

En conclusión, fue una acción realizada por una cincuentena de jóvenes, en la que participó espontáneamente una parte del público. También hubo una nota humorística: como estaba acordado, el grupo Joven Teatro Popular se dejó embarcar sin oponer resistencia en un furgón policial. Uno de ellos que había sido olvidado exigía que también lo detuvieran y corría detrás del furgón... Para los que no estaban en buena relación con las autoridades, habíamos previsto una vía de escape, lo que les permitió evitar la detención.

Este acontecimiento marcó un hito pues era la primera vez que pudimos organizar una acción sin recurrir al patrocinio de la LDH ni de la Unión Racionalista, y que el movimiento libertario se manifestó como tal.

Esto no fue lo que sucedió durante el mitin de «solidaridad con las víctimas del franquismo y por una amnistía general en favor de los presos políticos». Tuvo lugar en el cine Le Paris, en octubre de 1969, y no menos de 24 organizaciones, partidos y sindicatos, participaron, bajo los auspicios de la LDH. En realidad, el director era el PC. Invitados por la Liga, nos era difícil rehusar pues no hubiera comprendido una evasiva de nuestra parte ya que se trataba de un acto de solidaridad con los presos políticos. Que el PC fuera el promotor no nos molestaba excesivamente, pero lo que no queríamos, sobre todo, era hacer de comparsas.

Solicitamos el derecho a intervenir con un orador nuestro, lo que fue aceptado. Nos pusimos en contacto con un compañero de Toulouse que aceptó venir, pero entonces se planteó un gran problema: ¿en nombre de qué organización intervendría? Estaba tan desprovisto de representatividad como nosotros. Tuvimos que pensar mucho. Encontramos una solución que nos sacó del apuro de momento, pero que corría el riesgo de traernos problemas: «¡Ya que no somos nada, lo seremos todo!». Nuestro orador representaría al conjunto de movimientos antifranquistas españoles, nada menos.

Era una decisión un poco cogida por los pelos, muy ambigua e imprecisa pues el conjunto no significaba la totalidad. Previamente reflexionamos sobre los argumentos que justificarían nuestra maniobra y preparamos nuestra defensa, pues estábamos persuadidos de que habría repercusiones. Para gran alivio nuestro, nadie dijo ni pío, incluso la CNT que formaba parte de ese conjunto y a quien la mera idea de participar en algo al lado del PC ponía los pelos de punta.

El mitin fue un éxito: la sala estaba llena y el Partido comunista se llevó la mejor parte. Sin embargo, conseguimos con nuestra presencia no dejar al PC el monopolio de la defensa de los presos políticos españoles.

A la salida, discutíamos entre nosotros cuando un camarada español que había tomado la palabra en el mitin vino hacia nosotros y nos saludó efusivamente. Nos habló de la situación de los detenidos; le devolvimos el saludo, aunque menos efusivamente. Poco después se acercó un señor al que ya conocíamos y con razón: era un agente del servicio de inteligencia, que en las detenciones de 1963 había sido «correcto» con nosotros. Lo habíamos perdido de vista desde entonces, lo que parece que no era su caso.

En la poca conversación que tuvimos con él nos enteramos de que sabía muchas cosas sobre nosotros. Pero era evidente que lo que le interesaba era saber cuáles eran nuestras relaciones con los comunistas, y en particular con el camarada que nos había abordado tan amigablemente unos momentos antes. Cuando le contestamos que no lo conocíamos de nada, y que nuestras relaciones con el PC eran inexistentes, a pesar de nuestra participación en el mitin, no pareció muy convencido. Uno más que empezaba a creer que la CNT no estaba equivocada al calificarnos de comunistoides. No hay ninguna duda de que, en su informe, no olvidó señalar que el bloque anticomunista representado por los libertarios estaba, por culpa nuestra, a punto de romperse.

EPÍLOGO DE LA FIJL

En esos años de 1968 y 1969, la FIJL en su conjunto parecía dar signos de fatiga. Los plenos celebrados esos años lo confirman. Las razones eran diversas, pero todas confirmaban el debilitamiento de la organización. El movimiento de Mayo del 68, partidario de la espontaneidad y la autonomía, veía en la más mínima estructura organizativa un centralismo castrante. Algunos jóvenes fueron seducidos y se unieron a estos grupos que se consideraban informales.

En España, y sobre todo en Cataluña, se produjo una eclosión de grupos de jóvenes anarquistas: grupos autónomos, grupos anarquistas autónomos de combate, grupos mixtos autónomos libertarios, Grupos Obreros Autónomos (GOA), Movimiento Ibérico de Liberación (MIL). Aunque se diferenciasen en la forma de la acción a llevar a cabo, todos tenían en común una desconfianza muy marcada por las organizaciones anarquistas clásicas, la FIJL incluida.

A nivel local, no habíamos sabido, o podido, interesar a los jóvenes inmigrantes económicos. Nuestra política consistía en darles una información lo más objetiva posible respecto a los partidos y asociaciones que formaban el antifranquismo en el exilio. Una vez dada la explicación, no interveníamos en su decisión. Por supuesto, no teníamos los medios de que disponían los partidos comunista y socialista españoles, ayudados por los partidos hermanos, que ponían a su disposición estructuras deportivas y culturales muy atractivas para los jóvenes.

Sin duda había un cierto cansancio en algunos, y la prioridad que nos animaba al inicio de los años sesenta, la de poner al MLE en la lógica revolucionaria, se debilitaba. Como grupo, ese deterioro de la organización no nos afectaba mucho. En cuanto a nuestro trabajo, aunque participábamos en el esfuerzo colectivo y en la elaboración de las líneas directrices de la acción de la FIJL, teníamos una autonomía de acción por nuestra condición de grupo fronterizo.

Fue en 1969 cuando libertarios españoles expulsados de la CNT o que se fueron por su propia voluntad, disgustados por el inmovilismo del sindicato, se constituyeron en una asociación, la *Agrupación Confederal Libertaria*, y editaron un periódico mensual, *Frente Libertario*. Su finalidad era ayudar a los grupos libertarios de España, pero no intervenir en su decisión. Nos integramos en la *Agrupación* de forma natural. A nivel local, los conocíamos prácticamente a todos, teníamos el mismo objetivo y, además, nos ofrecían la posibilidad de ser por fin representativos.

Progresivamente, mejoraron las relaciones con los grupos autónomos. Los ayudábamos en la medida de nuestras posibilidades: periódicos, folletos y libros retomaban la carretera del Perthus. Poco después, la FIJL, que no existía ya prácticamente como organización, iba tirando, asistida por algunos grupos e individuos irreductibles. Pero, como ninguno de esos grupos quería hacerse cargo, la Comisión de Relaciones —que no relacionaba ya gran cosa— nos tocó en suerte, si podemos decirlo así.

Domiciliar la Comisión de Relaciones no nos creaba un gran problema: teníamos solamente la responsabilidad de repartir los fondos destinados a los grupos del Interior. Aunque las sumas no fueran importantes, tuvimos que pedir a los compañeros franceses que nos sirvieran de buzón para no llamar la atención de nuestros ángeles guardianes de los servicios de inteligencia.

Con el paso del tiempo, los grupos *tras los montes* empezaban a ser autosuficientes. Esto nos permitió centrarnos más en nuestro papel de caja de resonancia de los abusos cometidos por el franquismo: la ejecución de Puig Antich y de un joven polaco, y las severas penas de prisión que les cayeron a los otros compañeros del MIL. En Perpiñán, las manifestaciones fueron importantes y a veces violentas, sobre todo cerca del consulado español. A nivel local, ya no éramos, como antes, los instigadores de las acciones antifranquistas. Desde Mayo del 68, la izquierda y la extrema izquierda reaccionaban a la primera cuando se trataba de denunciar a Franco y su régimen.

No sin sobresaltos, España se encaminaba lentamente, pero con seguridad, hacia el psicodrama que fue la muerte por etapas del Caudillo, la designación de su sucesor Juan Carlos, elegido desde hacía tiempo para jugar ese papel, y la puesta en marcha del proceso de transición sin problemas de la dictadura a la monarquía constitucional. El neocapitalismo español, respaldado por el *Opus Dei*, era la piedra angular, lo que le permitió renovarse y jugar con los grandes de Europa, esperando poder integrarse en el club sin que los exégetas diseñadores del tratado de Roma tuvieran nada que objetar.

Progresivamente, los partidos y sindicatos en el exilio se integraron en el «cementerio patrio» y tuvieron derecho de ciudadanía a condición de callar todo lo que molestaba. Tocados por la gracia, aceptaron las reglas del juego establecidas por los famosos Pactos de la Moncloa, en octubre de 1977.

Cruzar la frontera no tenía ya el sabor de lo prohibido como antes. Nuestra actividad en el seno de la *Agrupación Confederal Libertaria* consistía en difundir entre los sindicatos y partidos franceses, sobre todo la CFDT, que entonces pretendía ser autogestionaria, la información que recibíamos de España sobre las tribulaciones de la CNT en tierra ibera.

La CNT —¡oh divina sorpresa!— parecía recobrar un poco de su lustre de antaño y suscitar una ola de simpatía entre los jóvenes y menos jóvenes. Los actos públicos que organizaba, especialmente en Cataluña, reunían a mucha gente. Había casi 250.000 personas el sábado 2 de julio de 1977 en Montjuïc (Barcelona).

Desgraciadamente, la historia no se repite. La CNT no pudo hacer frente a ese entusiasmo pues carecía lamentablemente de una generación de militantes experimentados: los de la franja de edad de 30-50 años, que la pasividad de la CNT en el exilio había alejado del anarcosindicalismo y de las estructuras organizativas adecuadas.

Y, por otra parte, iba a contracorriente (lo que era un mérito) en la concepción de la acción sindical, hasta el punto de resultar molesta tanto para el poder como para las otras organizaciones y partidos firmantes de los acuerdos afinados en los Pactos de la Moncloa. Acuerdos que la CNT no aceptó.

Desde entonces, la marginación de los libertarios estaba cantada. En el curso de una manifestación organizada por la CNT contra el contenido antisocial del pacto aceptado por los partidos y las centrales sindicales llamadas de oposición, se llevó a cabo un atentado contra el teatro la Scala en Barcelona, en el que murieron cuatro personas.[31] En seguida, la CNT fue acusada de poner en peligro la paz social y el proceso de transición pacífica, y de despertar los viejos demonios que habían devastado España. El proceso de estigmatización de la central anarcosindicalista se había puesto en marcha.

Aunque el montaje policial y político fue muy evidente, los partidos y sindicatos se cuidaron mucho de protestar, pues la eliminación de la CNT les dejaba las manos libres. Es por eso por lo que nosotros utilizamos todos los recursos disponibles para denunciar esas manipulaciones político-policiales: artículos en la prensa local, incluso nacional, reuniones de información subrayando que ese procedimiento no era nuevo. Ya en Italia en diciembre de 1969, tuvieron lugar en Milán unos atentados mortales que en seguida fueron atribuidos a los anarquistas. Unos años más tarde, resultó que los verdaderos responsables eran fascistas del MSI que habían actuado con total tranquilidad y al parecer con el acuerdo tácito de las autoridades.

Podría parecer paradójico que habiendo sufrido las iras de la CNT durante tanto tiempo nos erigiéramos en defensores suyos. En realidad, no hay nada de sorprendente pues siempre habíamos diferenciado entre la organización anarcosindicalista y aquellos (los virtuosos del *sello de goma*) que la han representado durante un tiempo.[32]

Poco a poco, nuestro grupo llegó a su final. Unos compañeros volvieron a vivir y militar en España; los otros se dispersaron en los grupos y asociaciones locales. Y es así como, después de unos veinte años de buenos y leales servicios, como suele decirse, el grupo murió de muerte natural.

Es interesante entender como un grupo libertario que había sido un equilibrio entre un grupo de afinidad y un grupo de organización bastante estructurado, pudo funcionar durante tiempo sin escisiones ni problemas mayores, al contrario que tantos otros que no habían aguantado hasta el final. El hecho de que no había entre nosotros personalidades muy fuertes, que tarde o temprano crean rivalidades y conducen a la ruptura del grupo, fue quizás por algo.

Por supuesto, de vez en cuando, no evitábamos duras discusiones cuando se trataba de realizar algunas acciones; sin embargo, debatíamos el tiempo que hiciera falta para encontrar la mejor solución. Entre nosotros no había interés por el liderazgo, lo que fue, sin duda, nuestra suerte.

Algunos camaradas nos han preguntado por qué razón la FIJL había decidido entrar en guerra frontal contra el franquismo en un combate perdido de antemano, sobre todo con los escasos medios de que disponíamos. ¿Qué otra cosa podíamos hacer? Nosotros, hijos de refugiados o no, nacidos en los años 1925-1940, inmersos en el medio libertario aureolado por su revolución y su pasado militante mil y una veces evocado, hecho de heridas y golpes.

Podíamos comprender las razones por las que, a principios de los años cincuenta, el MLE detuvo su lucha contra el franquismo, pues el precio a pagar era demasiado elevado: fueron muchos los compañeros que frecuentábamos que no volvieron de sus viajes a España. Sabíamos también, gracias a los grupos de acción que venían a Perpiñán a esconderse de la policía, que el combate era inútil pues el pueblo estaba aterrorizado y era incapaz de reaccionar. Pero no comprendíamos que el movimiento libertario no estuviera presente cuando, a principios de los años sesenta, nuevas generaciones que no habían conocido, o muy poco, la guerra ni sus consecuencias directas, se oponían al régimen, con huelgas o con acciones violentas que pretendían ser revolucionarias.

También, cuando los congresos de Limoges dieron el visto bueno y que el DI empezó a funcionar, nosotros aprovechamos la ocasión. Y aunque solos (después de que la CNT y la FAI se salieran por la tangente), continuamos con el mismo criterio pues era impensable para nosotros que los libertarios no estuvieran presentes en la lucha antifranquista.

Por supuesto, éramos ingenuos, pero no hasta el punto de creer que nuestra acción, fuera cual fuera, derribaría al régimen o impediría el curso de las cosas, es decir, el compromiso inevitable entre la extrema derecha, el neocapitalismo español y la oposición más o menos moderada. Todos estos componentes, con muy pocas salvedades, aspiraban a una reconciliación nacional y a una transición lo más indolora posible de una dictadura a una monarquía constitucional.

Éramos conscientes de ello, especialmente porque incluso en la campaña contra el turismo, la única carta de que disponíamos era la de la intimidación y de la persuasión. Poner el acento en el hecho de que el aporte de divisas generado por el turismo era una bocanada de oxígeno para la dictadura, era una cosa. Ir más allá, es decir hacer explotar un autocar lleno, era otra, que no podíamos ni considerar. Cabe señalar que ninguna acción, por poco explosiva que fuera, no pretendía matar; sólo buscaba el impacto mediático.

Nuestra posibilidad de intervención era escasa, ¿pero debíamos por ello quedar al margen y no intentar nada?[33] Abrazar la lógica elegida por el MLE equivalía a apartarse de la realidad del movimiento de oposición activa al franquismo, con sus virtudes y sus defectos. Con los nuestros al hombro, preferimos correr el riesgo y, con nuestra presencia, demostrar que los libertarios eran una fuerza de oposición con la que había que contar.

Por supuesto, hubo torpezas y errores, algunos muy graves como los que provocaron la muerte de Delgado y Granado. Pero vale la pena plantearse la pregunta: ¿nuestra presencia, aunque a menudo confusa durante algunos años, no ha permitido la eclosión más tarde de un gran número de grupos anarquistas? Si ha permitido o facilitado la transición entre la vieja generación libertaria y la presente, nuestro idealismo no habrá sido inútil.

En todo libertario que, en un momento u otro, se compromete y deja atrás la etapa de la contemplación, hay una chispa de locura, un don Quijote que despierta. Sin duda, no íbamos al asalto de molinos utópicos, el franquismo y la sociedad española eran totalmente reales; pero en cierto modo, éramos tan idealistas como el hombre de la Mancha...

Lo que nos importaba y motivaba nuestro compromiso era mantener una presencia libertaria lo más radical posible en el seno del movimiento revolucionario antifranquista. Era difícil pero posible.

En realidad, era impensable para nosotros permanecer al margen, preocupados sólo por nuestro futuro personal, opción que tomaron tantos jóvenes refugiados de nuestra edad. El compromiso era pues inevitable...

NOTAS DE LOS GIMENÓLOGOS

1. Después de 1945, lo que se podía aún calificar de resistencia armada se reducía a la resistencia esporádica de algunos grupos de acción anarquistas que la policía franquista no había podido exterminar. Casi todos estos grupos estaban compuestos de militantes de las Juventudes Libertarias procedentes del exilio en Francia [...], poco apoyados por la CNT. En la muy larga lista de los militantes anarquistas que sucumbieron [...] hay que citar a José Luís Facerías [abatido en 1957] y a Francisco Sabater Llopart [El Quico, asesinado en 1960]". http://www.cgtmurcia.org/.

2. «Poco después de la muerte de Sabater, el 18 de febrero de 1960 dos bombas explotaban en Madrid. El flamante *Directorio Revolucionario Ibérico de Liberación* (DRIL) reivindicó esas acciones. La policía detuvo y acusó a Antonio Abad Donoso de ser miembro. Abad fue ejecutado el 8 de marzo de 1960». *Ibid.*

Según Gurucharri (2010, págs. 55-57), el DRIL, que se reclamaba unitario y pretendía crear las bases de la futura tercera república, estaba compuesto de personajes dudosos. Reconoció y reivindicó la colocación de dos bombas en 1960 que provocaron la muerte de dos civiles.

3. El MPR publicó un primer documento en mayo de 1959 en el que alentaba al pueblo español a la lucha. Su comité coordinador nacional estaba representado por Jorge Fuente. Publicó un boletín de información; en Francia fue apoyado por el Comité de ayuda a la resistencia española. Su acción no fue mucho más allá, y desapareció en 1966 (*cf.* Íñiguez, 2008, pág. 1177). Antes del congreso de 1960 [de la CNT en Limoges], había despertado «ciertas esperanzas en la base confederal por sus posiciones y sus objetivos unitarios y combativos». (*cf.* Alberola, 1975, pág. 34).

4. El «Felipe» se presentaba como un «frente antifranquista y organización revolucionaria». Publicó el boletín *Revolución Socialista* (*ibid.*, págs. 35 y 54). Según Gurucharri, 2010, pág. 55, nota 42, pág. 57, nota 45 y pág. 58, fue impulsado a principios de 1956 por un diplomático de carrera, Julio Cerón. De 1958 a 1968, movilizó a un centenar de universitarios ligados al PCE.

5. La voluntad de unión y de acción se manifestó en el curso de dos congresos de la CNT que tuvieron lugar en Limoges, en agosto de 1960 y en agosto de 1961. Un *dictamen* decidió la creación de *Defensa Interior* (DI), un organismo secreto para reactivar la lucha contra el franquismo y ejecutar al propio Franco. DI contó con 7 miembros, de los cuales algunos veteranos de la organización como Juan García Oliver y Cipriano Mera. Las primeras acciones de hostigamiento contra la dictadura se llevaron a cabo desde junio de 1962 en España y en Europa. Se trataba de ataques simbólicos con explosivos de baja potencia y de frenar el turismo de masas en España. Pero las detenciones se multiplicaron también: en dos meses, seis consejos de guerra *sumarísimos* condenaron a decenas de militantes a 360 años de prisión. Las JL estaban en la operación, en principio respaldadas por la Confederación. Pero la adhesión de la CNT a la lucha revolucionaria no era más que fachada. Sobrepasada por la intensidad del trabajo activista, se reposicionó en un "inmovilismo exiliado". Sobre todo esto, hay que remitirse al relato de los protagonistas mismos: Alberola y Gurucharri.

6. Sobre la serie de errores y maniobras desafortunadas cometidas por DI y las JL —empezando por el atentado de Madrid del 29 de julio de 1963— que desembocaron en esa tragedia, ver Alberola, Fonseca y Gurucharri.

7. El hecho es que las Juventudes Libertarias «reclutaron» a tres jóvenes estudiantes franceses comprometidos en la lucha

contra la OAS en Francia, que aceptaron participar en las acciones antifranquistas. Ver en la bibliografía la obra de uno de esos jóvenes, que tenía 17 años en 1963, Alain Pécunia.

[8.] A finales de noviembre de 1962, «un comunicado de prensa redactado en Lisboa anunció la creación del CIL con el objetivo de combatir las dictaduras de Franco y Salazar, así como la puesta en marcha de la operación *Justicia* para denunciar las monstruosidades cometidas contra la juventud (y en particular contra las Juventudes Libertarias). El CIL fue muy activo en 1963» (Íñiguez, 2008, pág. 398). «A principios de marzo de 1963, el Consejo Ibérico de Liberación inició una intensa campaña para advertir a los turistas de los posibles riesgos que podían correr en España». (Alberola, 1975, pág. 76). Ver también Gurucharri, 2010, pág. 114.

[9.] Respecto a las detenciones previstas en Grenoble, y actividades del grupo de las JL en ese momento, se puede leer este extracto del relato inédito de nuestro amigo Helios Peñalver:

«Tuvimos conocimiento de los atentados de julio en Madrid por la prensa. Cuando detuvieron a Delgado y Granado a principios de agosto, yo estaba de vacaciones en la Alta Saboya. [...]. Con estupor nos enteramos de su ejecución. Espontáneamente, todos los jóvenes que lo conocían vinieron a verme. «¿Helios, qué hacemos? ¡Hay que actuar, hay que denunciar al régimen, denunciar la injusticia!» Formábamos un grupo de seis personas, de las cuales cuatro de la FIJL, y, durante todo el domingo, nos pusimos a hacer carteles con un rotulador negro y rojo en formato 21/27. [...] Al atardecer, se congregaron más de una treintena de jóvenes para pegarlos. Nos repartimos las zonas: los barrios populares de Grenoble y su periferia «roja» (Saint-Martin-d'Hères, Échirolles, Fontaine), y también los barrios de gran concentración de población de emigrantes, sin olvidarnos de inundar los muros de la prefectura del Isère, incluso bajo las ventanas del servicio de inteligencia. Esperaba que me interrogaran, pero no ocurrió así. [...]. A consecuencia de las manifestaciones de protesta contra las ejecuciones, las autoridades francesas organizaron una redada en el movimiento de las JL en Francia y en algunas ciudades. Fueron también interrogados algunos miembros de la CNT. En Grenoble hubo tres detenciones: Daniel Morchon y Juan Toledo, considerados por la policía como miembros de la «tendencia dura» de la CNT. En realidad, las fichas de los servicios de inteligencia eran disparatadas. Morchon llegó a Grenoble a principios de los años cincuenta. Era considerado por mi padre como un reformista. Nunca frecuentó la FAI, ni a Sabaté ni a Delgado. En definitiva, era más bien anti-DI y contra las posiciones de la FIJL. En cuanto a Toledo, a su llegada a Francia en 1959, sufrió un largo interrogatorio de los servicios de inteligencia para obtener su permiso de refugiado político y, puesto que había venido con un pasaporte, explicar con detalle su acción clandestina. ¿Era de la tendencia «dura»? yo diría que no. Los dos pasaron 48 horas en detención preventiva. El tercero, José Ríos, era secretario de la Federación local de la FIJL de Grenoble, y fue encarcelado durante varios meses en la prisión de la Santé en París, en compañía de los miembros de la Comisión de Relaciones de la FIJL detenidos en Toulouse. José Ríos era un tenor del Grupo artístico. De hecho, fue colocado como secretario de la FIJL por los conservadores de la CNT para coartar una posible actividad demasiado próxima a las posiciones de la FIJL; además estaba al margen de las actividades de las JL. Lo que no le impidió ser una víctima de la represión».

10. «El inmovilismo» continuaba ganando terreno en la CNT a los dos lados de los Pirineos. Hubo incluso cuatro ex cenetistas en España que aceptaron hablar con la Falange y los sindicatos verticales. Luís A. Edo, secretario de la federación local de la CNT de París, denunció públicamente a estos «renegados» el 5 de abril de

1966, lo que dificultó estas negociaciones. La FIJL puso en seguida en marcha las diferentes fases de la «Campaña internacional en favor de los presos políticos». En su último congreso, la FIJL se había pronunciado por la autonomía de los grupos de acción. El 30 de abril de 1966 los periódicos romanos de la tarde anunciaron la misteriosa desaparición de Marcos Ussía Urruticoechea, consejero eclesiástico de la embajada española ante la Santa Sede. El secuestro fue reivindicado por Edo que exigía la liberación de todos los presos políticos en España. El 3 de mayo, una carta enviada a la prensa, firmada por el grupo «Primero de Mayo (Sacco y Vanzetti)», explicó los objetivos de esta acción. El prelado fue liberado el 11 de mayo. A pesar de la gran repercusión que tuvo, y las simpatías que atrajo —y no sólo en el seno de la familia libertaria—, los dirigentes de la CNT en el exilio condenaron esta acción. A principios de junio las autoridades españolas liberaron a los dos jóvenes estudiantes franceses aún encarcelados. El 26 de octubre de 1966 un grupo de cinco miembros de las JL, presentado como el grupo «Primero de Mayo», fue detenido en Madrid.

[11.] Domingo Ibars Juanías, nacido en 1921 en Barcelona, era hijo de anarquistas. Aprendió dibujo y pintura en la escuela La Farigola, después trabajó como mecánico. Fue detenido por el SIM [Servicio de Información Militar, creado por los socialistas y en manos de los estalinistas] en enero de 1938 en Barcelona por sus actividades en el seno de las Juventudes Libertarias, y participó en los disturbios de la cárcel Modelo. En el exilio, después de los campos y del trabajo forzado, fue liberado de los alemanes por el maquis. Proyectó acabar con Franco y Hitler en San Sebastián. Participó en acciones de guerrilla en España y en Francia. Detenido en octubre de 1949 en San Adrián del Besós, fue condenado a muerte y después a cárcel de la que salió en octubre de 1969. Murió en Barcelona en 1997. (*Cf.* Íñiguez, 2008, pág. 849).

¹². Extractos de una entrevista entre dos miembros de la CNT de Toulouse (*cf.* su página web) con Luís Andrés Edo, realizada poco antes de su muerte en febrero de 2009:

La CNT ha manifestado, de principio a fin, su oposición férrea a los «Pactos de la Moncloa». Mientras que a nivel nacional las dos principales centrales sindicales (UGT socialista y CCOO comunista) estaban en la componenda del pacto, en Cataluña la CNT había conseguido hacer realidad la unidad del movimiento obrero contra ese mismo pacto. La protesta fue masiva: a finales de octubre de 1977, 400.000 trabajadores se manifestaban en las calles de Barcelona contra el pacto. El miedo a ver ese rechazo extenderse a toda España y las perspectivas revolucionarias que abría se adueñó del poder que tomó, a su más alto nivel, la decisión de destruir la CNT. [...]

EL CASO SCALA

El 15 de enero de 1978, mientras la CNT, ella sola, reunía en Barcelona 15.000 manifestantes contra los Pactos de la Moncloa, varios cócteles Molotov fueron lanzados contra una sala de espectáculos, la Scala. Cuatro trabajadores, dos de ellos miembros de la CNT, murieron carbonizados. Inmediatamente, una campaña mediática tan intensa como grosera se desencadenó contra la CNT, acusada de estar bastante loca como para quemar a sus propios afiliados. Sin embargo, la CNT no tenía nada que ver. Está demostrado que un confidente de la policía, Joaquín Gambín estaba en el origen de este incendio criminal. Este instigador no era un desconocido: el periódico de la CNT, *Espoir*, había denunciado las actuaciones de este auxiliar de la policía, y de algunos otros, antes incluso de su incendio criminal. A pesar de ello, el impacto emocional de este atentado, que todos los medios de comunicación trataron torpemente, fue tal que la dinámica de oposición al pacto fue rota de golpe lo mismo que el desarrollo de la CNT."

[13.] «La tendencia a magnificar a los militantes de la CNT y de la FAI esconde nuestra impotencia para trabajar con eficacia allí donde nos encontramos, donde trabajamos y podemos intervenir. Demasiado a menudo es una huida de nuestra época y de nuestro mundo. Sin tener en cuenta que los mismos militantes españoles se encuentran aligerados de sus propias responsabilidades, se ven colgados como imágenes de santos, que saben que no son, y paralizados en actuaciones cuando deben actuar con los ojos abiertos», escribía Louis Mercier-Vega en 1956.

Era posible evitar el culto a los héroes. El hecho es que había un prestigio personal de esos militantes destacados de la CNT-FAI, debido a sus indiscutibles cualidades revolucionarias. Eran altamente valorados, y el resto de la militancia había depositado en ellos una enorme confianza. En 1936-1938, esto contribuyó a enmascarar el hecho de que una parte de los líderes del MLE se habían convertido en burócratas y, en consecuencia, era más confusa la lectura de la estrategia «circunstancialista», y más difícil su crítica. Y como después de 1939 el MLE no hizo autocrítica, a pesar de las terribles disputas, se instaló una cierta intocabilidad de los líderes (con el bloqueo de los archivos que conlleva). En los años cincuenta y sesenta, se vio, a partir de relatos de jóvenes libertarios, que les inquietaba ver a compañeros de la CNT practicar el doble lenguaje, disociar el decir y el hacer. Pero no hasta el punto de rehusar comprometerse en una DI instituida por los burócratas Germinal Esgleas y Vicente Llansola. ¿Su desconfianza fue atenuada por la participación en la misma DI de Juan García Oliver y Cipriano Mera?

Sin embargo, la acción criticable de los líderes, en realidad seguidos por una gran parte de la militancia, no debe esconder el hecho de que es el conjunto de los componentes del MLE quienes tenían que rendir cuentas de su acción en España y en el exilio.

Muchas «lecciones de la revolución española» están aún pendientes.

No se trata de insultar al Movimiento libertario español sino de proceder, ahora y siempre, a examinar sus opciones y estrategias desde los años treinta, sin temor a romper el exceso de romanticismo que oscurece la imagen. Lo importante es llegar a distinguir lo que se debe a los errores de una época y lo que es imputable a los límites intrínsecos del movimiento.

[14.] Se comprende bien que desde 1939, para los resistentes libertarios en el exilio, lo peor era el inmovilismo y el ensimismamiento cuando la represión golpeaba tan salvajemente en España. Pero también hay que preguntarse sobre la conveniencia de la táctica de «acción directa» y sobre la elección de la lucha armada llevada a cabo por pequeños grupos que no estaban inmersos en un movimiento social revolucionario (las condiciones eran otras en España en los años treinta). Como subraya José Fergo, 2011, págs. 9-13, la línea activista reanudaba y mantenía el «mito combatiente» que apasionó a muchos jóvenes libertarios hasta la muerte de Franco sin que se hicieran verdaderos balances durante las diferentes etapas (primera resistencia libertaria de 1939 a 1960; DI; Grupo Primero de Mayo; MIL; GARI; etc.). Salvador Gurucharri y Tomás Ibáñez «han analizado ese extraño fenómeno que condujo, «progresivamente», a la autonomización en el seno de la organización (la FIJL) de un núcleo muy reducido de especialistas de la acción armada cuya principal característica era la de no estar bajo el control de nadie. Esta «voluntad de impulsar, cueste lo que cueste, la línea de acción directa», insisten ellos, se reveló no sólo «contraproducente», sino que agudizó de tal manera los conflictos internos que provocó su desaparición. [...] Gurucharri e Ibáñez se preguntan sobre la conveniencia de esta línea que costó tantas «energías militantes» y aportó tan poco».

TERCER CAPÍTULO

LUCÍA Y JOSÉ

Jordi Gonzalbo nos embarca ahora en la Barcelona de los años treinta y cuarenta. Vuelve a hablar de la trayectoria militante de sus padres Lucía y José, gracias principalmente al hallazgo del voluminoso sumario de José Gonzalbo Benedicto[34] en los archivos del Tribunal Militar Tercero de Barcelona, donde se encuentran los expedientes de todas las personas ejecutadas en el Campo de la Bota después de una instrucción judicial acelerada y un juicio sumario.[35] El hallazgo posterior —artículos de La Vanguardia *de 1933 y 1934— nos ha permitido saber más de los avatares del compromiso de José y de Lucía Esteve Vidal antes de 1936.*

Hemos participado en el texto siguiente aportando algunos datos de orden histórico.

Los Gimenólogos.

Agradablemente sorprendido por haber podido aportar mi pequeña contribución al «deber de memoria» (que está hecho de un gran número de memorias individuales puestas una tras otra), yo pensaba haberme ganado el derecho a dormir el sueño del «justo». Pero no contaba con los «rastreadores de memoria», incansables extrayendo la menor pizca de recuerdo que aún exista entre los últimos supervivientes que habían recorrido de una forma u otra el áspero suelo de Aragón o de otro lugar de España.[36]

Fisgones donde los haya, encuentran placer en el mundo tan particular de «lo oculto», sea en las cabezas o en los lugares, haciéndoseles la boca agua al menor trocito de papiro susceptible de aportar un enfoque nuevo sobre tal o cual acontecimiento de importancia. En cierto modo útiles y «molestos» a la vez, pues todo nuevo aporte de información inédita implica revisar algunas partes de un testimonio por fuerza incompleto, nutrido de imágenes y de situaciones percibidas por un niño.

La primera parte de mis *Itinerarios* repasaba la época de mis seis años. En función de los últimos hallazgos, me veo «obligado» a remontarme al tercer año de mi nacimiento. ¡Qué no hacemos por la «causa»!

De hecho, me había preguntado a menudo por qué guardaba tan pocos recuerdos de la vivienda en que nací en 1930, situada en el número 27 de la calle Jaime Giralt, y donde se suponía que había vivido durante algunos años. La respuesta es muy sencilla y de interés.

Según *La Vanguardia* del 20 de diciembre de 1933, el joven José Mariño Carballada fue detenido por la policía, llevando una bolsa de hule con cuatro bombas y varios cartuchos de dinamita, en el momento en que salía de la casa situada en el 27 de la calle Jaime Giralt, primer piso, primera puerta. Mis padres fueron acusados de haber guardado en su casa ese material explosivo. Si José Gonzalbo —apodado "Pep el de la Figaira" según el autor del artículo de *La Vanguardia*— no era conocido por los servicios policiales, Lucía ya había proporcionado el material para un informe sobre ella:

> *Lucía Esteve Vidal es muy conocida de la policía por ser asidua concurrente a los centros anarquistas y dedicarse a hacer cuestaciones en favor de los presos y a vender los periódicos anarquistas y sindicalistas cuando los elementos libertarios celebran actos públicos.*[37]

Nos enteramos más adelante de que la calle Giralt estaba vigilada por la policía y de que José Gonzalbo «estaba afiliado al Ateneo Racionalista de Barcelona».[38] Se indica que ni Lucía ni José reconocen los hechos de que se les acusa. Pienso que Lucía sabía por qué era detenida, pero no necesariamente su marido.

En cuanto a Mariño, se negó a decir de donde procedía el material; afirmó que no conocía a la pareja y sólo admitió sus convicciones anarquistas. Según el redactor del artículo, había sido ya detenido durante las huelgas e insurrecciones de 1933,[39] pero fue dejado en libertad por falta de cargos y por el hecho de su joven edad (19 años). Y quizá también porque era «hijo de una honrada familia que reside desde hace tiempo en Barcelona y que lamenta la ideología de su deudo, de la que no han podido apartarle a pesar de las muchas reflexiones que le han hecho».[40]

A pesar de sus negativas, los tres compañeros fueron encarcelados hasta el juicio. El tribunal condenó a Mariño a seis meses de cárcel y a los esposos Gonzalbo [a veces Gonzalvo o González] a dos años cada uno en enero de 1934.[41]

No fue hasta mucho después que me enteré de estas detenciones, pero no de su importancia. De hecho, gracias a las informaciones encontradas en *La Vanguardia*, me di cuenta de la gravedad de la situación poco común que vivieron, sobre todo mi madre.

Es evidente que en esa época las parejas que compaginaban el trabajo en la fábrica[42] y la militancia, a menudo debían hacer cosas difíciles, y de duras consecuencias. Mis padres trabajaban para vivir, militaban para hacer la revolución y hacían malabarismos con su «tiempo libre» para cuidar lo mejor posible a sus hijos, Montserrat, nacida en 1927, y yo mismo, nacido en 1930[43]. Estoy convencido de que lo que les permitía mantenerse a flote era la ayuda mutua y la solidaridad, palabras que entonces tenían un sentido.

Esta solidaridad tenía para mí un rostro, el de una persona de mediana edad, a quien llamábamos cariñosamente la dida, Fernanda Vila.

Apreciaba a mis padres, especialmente a mi madre; cuando tenían problemas me llevaba con ella el tiempo que hiciera falta. Fernanda vivía en el mismo barrio que nosotros con su marido y su hijo Fernando, de unos veinte años.

Por tanto, me recogió en su casa durante las detenciones. A mi madre la veía de vez en cuando, sin hacer muchas preguntas, pero es cierto que no vivía con ella, y por buenas razones...

La Vanguardia del 27 de febrero de 1934 en la página 12 tituló: «Evasión en la cárcel de mujeres. Dos reclusas condenadas a varios años de prisión, huyen de su encierro». Las evadidas eran Adela Aulestía Mas —«reincidente en delitos contra la propiedad. Su especialidad son los hurtos domésticos [...] condenada con un total de 24 años de reclusión»— y Lucía Esteve Vidal. De la forma más sencilla, las fugitivas habían robado en el despacho de la directora las llaves que les permitieron «franquear las puertas y salir a la calle, sin que nadie se diera cuenta de su huida».

Esto se produjo sólo tras unas semanas de detención de Lucía, y suponemos que pudo esconderse y vivir clandestinamente gracias al medio libertario. En esta situación venía a verme de vez en cuando a casa de la dida, y como vivía cerca de nuestra calle (calle de los Judíos), no hubo una verdadera ruptura en mi vida.

Lo más asombroso de la historia, es que mi madre vivió prácticamente dos años en la clandestinidad, y que ni siquiera al final de su vida me habló nunca de ello, ni de su magistral huida.

Mi padre fue encerrado en la cárcel Modelo. Después tuvo la oportunidad de apreciar la calidad de la acogida de otro lugar de detención: el penal de Chinchilla[44] de donde se fugó no se sabe bien en qué fecha: la fuga era, sin duda, un asunto de familia. Vuelto a detener poco después fue amnistiado y liberado tras la victoria del Frente Popular en las elecciones de febrero de 1936.[45]

A partir de esa fecha, no recuerdo si volvimos a vivir en familia en la vivienda de la calle Giralt. Mi hermana Montserrat tenía problemas respiratorios desde hacía tiempo y fue hospitalizada en un sanatorio no lejos de Barcelona. Recuerdo un edificio inmenso rodeado de pinos y montañas, durante una visita que debe datar de 1933. Después de su salida del sanatorio de Tarrassa, los médicos recomendaron a mis padres alejar a Montserrat de la ciudad. Entre 1933 y 1936, gracias a amigos comunes, Francisca Matas, que no podía tener hijos, propuso cuidar de la convaleciente en Rosas. Montserrat se fue con ellos hasta la primavera de 1937. Lucía y José trabajando,[46] sólo podían ocuparse de mí el domingo, y durante la semana me cuidaba Fernanda.

Después se produjo el golpe de Estado militar seguido del proceso revolucionario, intenso en Barcelona como sabemos. Lucía contaba a mi hija, en un tono aún exaltado, los combates de los días de julio de 1936 en Barcelona; como ella y otras se dedicaban a curar a los heridos. Se acordaba de un farmacéutico a quien tuvo que arrancar de las manos material sanitario pues no quería darlo al pueblo.

José y Lucía conocían, evidentemente, a varios responsables de la CNT-FAI catalana, y se sentían como en casa tanto en el frente como en Barcelona donde participaban de una manera u otra en actividades de la Regional CNT.

Fueron un tiempo al frente de Aragón en la columna Durruti. Lucía contó a mi hija como dejó el fusil —

pues a cada disparo, su pequeña figura caía de espaldas — y fue a ocuparse de los prisioneros. Me dijo un día que le parecía paradójico e incómodo para una anarquista encontrarse al otro lado de los barrotes.

Resulta que Lucía —que había sido educada en un convento— tuvo que vigilar a monjas, y que se ocupó de ellas con «caridad», lo que le valió muestras de agradecimiento de estas. Les respondió secamente que, en la situación inversa, no hubiera sido así, pues conocía bien su mentalidad detestable.

Cuando las mujeres tuvieron que abandonar el frente, según Lucía, Durruti intervino para que ella se quedara. Lucía conocía bien a Durruti; me contó que había ido a visitarlo a la cárcel, como hacían muchos militantes dentro de los Comités Pro-Presos.

Los esposos Gonzalbo iban y venían entre el frente y Barcelona, y pasaban también por Rosas para ver a su hija en casa de su dida.

Según las afirmaciones de Francisca Matas Volasell en su declaración del 4 de febrero de 1941,[47] José se desplazaba a Aragón y también a Madrid. Él y Lucía se fueron en coche a Rosas para ver a su hija un día de septiembre de 1936; José iba armado. Francisca y su marido, Miguel Blanch, les pidieron que intervinieran para salvar la vida de un miembro de su familia que cuidaba también de Montserrat, Benito Trull Escatllar, detenido el 26 de septiembre por las patrullas de control de la comarca de Gerona. Era presidente de la Lliga Regionalista de Catalunya en Rosas. Mi madre lo conocía y consideraba que era un burgués de derechas, pero no un fascista. Además, si durante las huelgas insurreccionales ella había apoyado las represalias contra matones o pistoleros de la patronal, no era favorable a las ejecuciones en período revolucionario.

Lucía y José convencieron a sus compañeros de que liberaran a Trull. Según la declaración hecha en 1941 por Miguel Blanch, José intervino ante el Comité revolucionario de Rosas para que Trull fuera transferido a Barcelona y puesto bajo custodia del Comité regional CNT. Después pidió a la persona con la que se había fugado de Chinchilla (¿Soria?) que lo liberara.

Además, en diciembre de 1936, a petición de Benito Trull, José contactó con Ramona Coll Suquet, de Rosas, e hizo gestiones (que no tuvieron éxito) para poner en libertad a su marido Domingo Cusí Trull, primo hermano de Trull, arrestado el 19 de noviembre por las Patrullas de Control de Gerona.

Sin duda es en ese período cuando la relación entre mis padres se rompió. Lucía, con o sin razón, siempre consideró a José como un militante menos comprometido que ella, y un poco voluble.

Supe mucho más tarde que, hacia finales de 1936 o principios de 1937, José había establecido una relación amorosa con Aurelia López Rodrigo, una artista del cabaret Sevilla. José declara a la policía el 10 de febrero de 1941 que ha vivido durante toda la guerra en casa de Aurelia López en el número 44 de la calle del Rosal en Barcelona, y que tuvieron una hija juntos. Se trata, sin duda, de la niña de menos de tres años que aparece con José en la foto recuperada en 2007 en el sumario del Tribunal Tercero. Así pues, tengo —o he tenido— una hermanastra. Y supongo que Lucía y José vivían separados ya en 1936. Volveré más tarde sobre las razones y las condiciones de su separación.

La cárcel, el golpe de Estado militar, la militancia, el frente, la Retirada, el exilio, su vuelta inesperada a Barcelona en octubre de 1939, su detención en febrero de 1941 y su ejecución en octubre de 1942: todos estos acontecimientos hicieron que casi no conociera a mi padre, excepto los pocos meses de exilio compartidos en Perpiñán.

Según los últimos datos, tengo la confirmación de que José volvió a Barcelona en octubre de 1939, y vivía en la calle Blay, número 42, al domicilio de la mujer con la que tenía una hija. Fue detenido en febrero de 1941 por una oscura historia de muebles que había comprado a un tercero.[48] Nada grave al principio, pero luego lo fue. Increíble pero cierto, José no había tomado la precaución de cambiar de identidad, imprudencia que permitió a los policías examinar su *curriculum vitae* con toda facilidad.

El asunto de las bombas por el que mis padres fueron condenados en diciembre de 1933 reapareció, así como su fuga de Chinchilla, antecedentes adornados, según el acta de instrucción, con otros actos de terrorismo:

[Despues de su fuga del penal de Chinchilla] Que en cierta ocasión, y en la ciudad de Barcelona, entregó a un muchacho un paquete, encargándole lo llevase a un lugar determinado, cuyo paquete hizo explosión, siendo detenido el muchacho en cuestión quien confesó que el paquete se lo había entregado el Gonzalvo, quien le había entregado cinco o diez pesetas por llevar al lugar que él le indicó. Que formó parte de una banda de atracadores; que posteriormente fue detenido por actos terroristas y por haberse fugado del penal de Chinchilla, habiendo sido puesto en libertad cuando

las elecciones del frente Popular el 16 de febrero del año 1936.[49]

Estas presuntas actividades terroristas habrían tenido lugar necesariamente antes de diciembre de 1933, pues desde esa fecha a febrero de 1936 fue alojado y cuidado por el Estado español. Pero esos hechos pueden también datar del período de su fuga, y como suponemos que fueron los chicos de la FAI quienes le ayudaron a fugarse de Chinchilla, pudo participar en sus acciones antes de ser detenido de nuevo, quizá en el curso de una de ellas.

En cambio, las acusaciones contra él por sus actividades durante la guerra civil eran más graves, aunque grotescas:

Al realizar las gestiones antecedentes referentes al citado individuo, tuvieron noticias confidenciales de que se trataba de un un sujeto que había tenido una actuación destacadísima durante el periodo rojo en el pueblo de Rosas, además de la realizada en esta Capital. [...] Que este sujeto pertenecía a la C.N.T. desde el año 1929 [...]; que al sobrevenir el M. N. [Movimiento Nacional] fue jefe de Patrullas de Control del Comité Regional de la C.N.T.–F.A.I.;[50] que firmó la sentencia del general Gode[d], como Delegado de la F.A.I; que fue organizador de las columnas rojas voluntarias para el frente; que fue delegado de Censura de la F.A.I. en la cárcel Mo-

delo de esta Capital. Que desempeñó un cargo importante
en el Comité regional de la C.N.T. – F.A.I; que le unía gran
amistad con Eroles,[51] y con Durruti, siendo el hombre de
confianza de este último y segundo Jefe de las Columnas de
este nombre en los frentes de Aragón y Madrid. Que a la li-
beración de Barcelona huyó a Francia.[52]

Hay que saber que todas estas acusaciones provie-
nen exclusivamente de declaraciones (no verificadas)
de habitantes de Rosas hechas el 4 y 5 de febrero de
1941: Andrés Reda Brunet, que habría leído en la
prensa de Barcelona que José había firmado con Mira-
vitlles la ejecución de Goded;[53] Ramona Coll Suquet,
cuyo marido Domingo Cusí Coll fue detenido el 19 de
noviembre de 1936 por las Patrullas de Control de Rosas (y sin duda asesinado por ellas), y ante la cual José
se habría jactado de poseer una pistola «que llevaba
empuñadura de oro procedente de un Marqués que
habían asesinado en Madrid justo con la esposa e hija»,
lo que parece poco plausible.

La policía utilizó también las declaraciones de personas vecinas de Rosas que no querían incriminar a
José: las de Francisca Matas y de su marido; la de Benito Trull Escatllar que José y Lucía salvaron de la ejecución. Sin embargo, Trull dice sospechar que «cuando
sabía [José Gonzalbo] que había sido detenido alguna
persona de derechas, se cuidaba de ver los familiares

de la víctima y les pedía dinero prendiéndoles salvar su vida».[54]

Mi padre no era pues un simple héroe, como lo creía el niño que yo era, y si tomamos en serio los cargos, era un superhombre dotado de un don de la ubicuidad excepcional.

Siempre según el acta de la instrucción, José dice que había formado parte de la CNT, como tantos otros ;[55] que había trabajado en el Comité regional como chófer; que conocía a Durruti de vista como todo el mundo, y que nunca había tenido ni ejercido las responsabilidades que se le atribuían.

Es curioso como recuerdos visuales, táctiles y olfativos marcan a un niño. El hecho de subir hoy a un vehículo «que huele a nuevo» me retrotrae a muchos años atrás cuando, sentado al lado de mi padre, la cabeza inclinada fuera de la puerta, el rostro azotado por la velocidad, dábamos vueltas por Barcelona en el coche que tenía a su cargo.

Es evidente que la justicia franquista quería hacer responsable a mi padre de algo que sobrepasaba sus capacidades, y dudo que él ejerciera las responsabilidades que se le imputaban. Es posible que José se diera a sí mismo una importancia que no tenía en el Movimiento libertario. Era un buen cenetista, pero no un militante destacado. Sin embargo, debió conocer a muchos hombres de acción en los casi dos años que estuvo en la cárcel. Afirma en su declaración —y es buena táctica — que no conoce a los llamados Escorza y Eroles, que eran personas destacadas en el seno del Comité regional, responsables de «la investigación».[56] Sin embargo, en una carta escrita a mi madre —ya en Perpiñán— ,el 26 de octubre de 1938, José alude a la ingratitud de Escarzas [sic], «Basques» [sic],[57] «Oliber» [sic],[58] con los que había trabajado tanto.[59]

Además, Benito Trull, de Rosas, declara que después de su detención el 26 de septiembre de 1936 fue visitado por José y Lucía que le dijeron que se habían iniciado las gestiones con Escorza «jorobado y tullido de las piernas, jefe de la investigación social del Comité regional de la CNT-FAI catalana».

Conocer a Escorza quería decir estar muy cercano a la actividad de policía de la CNT-FAI. Hubiera o no tenido un cargo oficial en el Comité regional de la CNT de Barcelona, José había tenido los medios de liberar a Trull.

Encontramos también en el dossier de José la declaración de un testigo de descargo: el de Trinidad Romero de la Cruz, una comerciante de 45 años que declaró en abril de 1942 que encontró a José en Barcelona donde ella estaba desde el 24 de noviembre de 1936, buscando un medio de pasar al extranjero. Él le proporcionó un pasaporte y ella cogió un tren para Francia el 10 de febrero de 1937. Detenida antes de llegar a Gerona por la policía ferroviaria y llevada de vuelta a Barcelona, avisó a José y fue liberada el 11 por la tarde. El 12 por la mañana la acompañó él mismo al aeropuerto del Prat y llegó a Marsella. Concluye así: «He de hacer constar que sin haber tenido nunca amistad con él, me trató respetuosamente y con verdadero afecto».

Otro documento de descargo en el sumario: la declaración de un comerciante que vivía en la calle Baja de San Pedro que declara el 28 de marzo de 1942 que José había intervenido eficazmente en julio de 1936 para salvarle la vida.

Y después, un asombroso documento administrativo municipal de estadística sobre «la conducta social y política del acusado», de fecha de 14 de octubre de 1941, intentó, al parecer, eximirlo completamente, así como a su amigo Taberne Aige. Se afirma que José observó buena conducta durante el dominio rojo; que salvó a personas de derechas; en el asunto de 1933, no se sabía si los explosivos estaban dirigidos a personas de derechas o a comunistas. Según los testigos citados, Enriqueta Pellicer «inquilina del 35» y Jaime Juan «el del 22 Carbonería», la puesta en libertad de José no supondría ningún problema para el «Glorioso Movimiento Nacional». El documento está firmado por el alcalde. José conocía, sin duda, a alguien de muy arriba que intervino —sin éxito— a ese nivel.

Por lo demás, la defensa de José es muy pobre: declaró haber trabajado como chófer de De Emilio, el abogado de la CNT, Plaza Urquinaona, N° 5, en Barcelona. Pero la declaración de septiembre de 1941 del portero del despacho de ese abogado, afirmando que este no tenía chófer y que nunca había visto a José, la echó por tierra. Podemos pensar que José no citaba el nombre de este abogado al azar. Un amigo barcelonés ha encontrado la confirmación de que José trabajaba como chófer en dos listas de la «Comisión de Fomento de la Casa CNT-FAI» donde aparece como uno de los nueve chóferes de la sección «Garaje y parque automovilístico», en el primer trimestre de 1938. Si fue chófer del abogado Ignacio De Emilio Domínguez, nacido el 10 de junio de 1887, quizá colaboró también en la Oficina Jurídica donde trabajaba otro abogado afiliado a la CNT, Eduardo Barriobero. Este organismo fue creado en agosto de 1936 por el Comité Central de Milicias

Antifascistas. Cerca de 80 hombres de acción de la CNT-FAI estaban al servicio de la O.J. ¿Quizá José actuó con ellos un tiempo, o conocía a algunos?[60]

Si creemos lo que dice en su carta a Lucía de octubre de 1938, José estaba bien integrado en los servicios de la Confederación:

Dos años de servicios en la casa CNT-FAI, sin mirar horas algunas de trabajo, corriendo desde las 5 de la mañana a la 10 u 11 de la noche, sin saber cuando es Domingo. Haciendo uno de los trabajos más importantes de secretaría y oficinas de dicho local.

¿Sabré alguna vez queétipo de militante era mi padre? ¿Militante comprometido como hubo tantos, desde luego, pero también hombre de acción decidido? ¿O un oportunista?

De algo estoy seguro, que fue fusilado el 16 de octubre de 1942 en el Campo de la Bota en Barcelona por haberse opuesto con las armas en la mano al «Movimiento Nacional» de julio de 1936. ¿Había soñado con un mundo distinto? Sin duda...

Me quedan de él algunas cartas dirigidas a Lucía. Son nueve, distribuidas entre el 26 de octubre de 1938 y el 13 de octubre de 1942, es decir, tres días antes de su ejecución.

Tres cartas de José, dirigidas a sus hijos: la primera de octubre de 1938 (1); la segunda (2) y la tercera (3) no llevan fecha, pero es evidente que están escritas antes de 1939.

Tres cartas están escritas y firmadas por Aurelia López —la persona con la que vivía— pero era él quien las dictaba. La primera (4) data del 14 de julio de 1940; la segunda (5) sin fecha, pero sin duda de 1940, y la tercera del 20 de julio de 1940 (6). Empiezan todas por: «Querida prima».

Después las tres últimas, redactadas después de la detención de José: la del 12 de marzo de 1941 (7), la del 4 de junio de 1941 (8) y finalmente la del 13 de octubre de 1942 (9). He incluido en este dossier dos cartas firmadas «Isidro Lafarga». En realidad, el autor es Fernando, el hijo de mi «niñera» Fernanda Vila; están fechadas respectivamente el 26 de abril de 1942 y el 1 de septiembre de 1942.

Estas cartas, junto a algunos recuerdos del niño que yo era, me ayudan a entender mejor las razones de algunas decisiones y comportamientos de mi madre que yo no comprendía bien. A veces su contenido deja perplejo, pues por la censura y la represión, tanto en Barcelona como en la cárcel, todo el mundo se rompía la cabeza para no decir las cosas claramente.

Vuelvo a las desavenencias de mis padres: supongo que fueron bastante importantes para que mi madre decidiera dejar a José en la primavera de 1937, y poner una frontera entre ellos. Falta saber las circunstancias que condujeron a una decisión tan radical. Sin duda, había en ella la intención de ponernos a salvo de los bombardeos de Barcelona. Había menos en Rosas[61] donde estaba mi hermana, ¿por qué ir a Perpiñán? Cabe suponer que mi madre partía para no volver.

El principio de la carta (1) de José a Lucía ilustra la magnitud de las desavenencias; empieza por:

Según tú, no soy más que un amigo, pues bien, estimada amiga

Leo en un fragmento de carta sin fecha, de José a Lucía (2)

A veces, yo me pregunto y creo que un ideal lleva como consecuencia el malestar en un familia, y esto Lucía, es lo que pasó en nosotros. Yo por una ambición dejé lo que no debía abandonar; y tú, por una doctrina, hicistes lo que no debías hacer. Del modo querida, si es que puedo llamarte, hemos sido dos locos.

José escribe en la carta (8) desde la cárcel:

Querida prima Lucía, antes que nada, querría contestar a tus líneas; aunque a decir verdad tu continúas siendo la misma, más fría que fría, pero yo siempre he sido el mismo. No quiero discutir para saber quién tiene razón. [...] No te obstines en [ilegible] sobre mi pasado, todos nos equivocamos en la vida, pero yo no tengo nada que reprocharte, ¿y tú?

Él le había confiado en la carta (5):

[...] cuando se tiene el ser que más apreciamos, que no le damos valor y buscamos y más buscamos hasta encontrar cosas de estupidez para rebajar la moral de la persona apreciada. [...] Tú has hecho durante mi instancia conmigo ¿y yo que he hecho? Por ti, nada. Y ahora es cuando siento en medio de la soledad y el abandono remordimiento al no poderte decir de palabra que llegues a disculparme de todo cuanto te hice.

Pienso que la razón de este desacuerdo profundo se basa esencialmente en la distinta concepción que cada uno tenía del compromiso militante; muy profundo en ella, mucho más moderado en él. De este hecho se deriva su insatisfacción. José, en su carta (2) identifica bien el problema cuando hace referencia al ideal y a un fuerte compromiso militante que llevó a la descomposición de la pareja. Creo que no me engaño al suponer que cuando fueron detenidos por posesión de explosivos en diciembre de 1933, José no tenía información completa sobre el asunto. Por otra parte, si me remito a la foto incluida en el dossier de José, mostrando a mi padre paseando con una niña pequeña (mi hermanastra) de unos tres años de edad (foto tomada después de su vuelta a Barcelona y antes de su detención), es razonable pensar que esta niña había sido concebida en 1937.

Por tanto, es evidente que José tenía ya relaciones con la madre de la niña, Aurelia López. ¿Es esa la razón por la que mi madre decidió romper? Sin duda, pero no fue la única.

En febrero de 1939, mi padre formó parte de los refugiados que fueron a los campos de Argelès, pero como su mujer vivía en Francia de forma legal desde

1937, fue liberado y pudo reunirse con ella. Vivió con nosotros algunos meses difíciles en lo material. Esta situación duró hasta que decidió regresar a Barcelona en octubre de 1939.

En la carta (8), José justificaba su partida por un correo que había recibido de su familia diciéndole que si quería "volver con los suyos" podía hacerlo, pues, según su padre, no tenía nada que temer. Al parecer, nosotros no formábamos parte de "los suyos". En otras palabras, volvió a vivir con la persona con quien se relacionaba hasta la retirada. Mi madre lo había acogido en Perpiñán y ayudado, había hecho lo imposible para mantenernos a todos; pero aparentemente nosotros no pesábamos mucho en el momento de la elección.

Gracias a la información que mi hija ha obtenido rebuscando en los archivos barceloneses, parece que él vivió con su compañera, no lejos de su barrio, y sin tener la precaución de cambiar de identidad.

Este comportamiento disgustó mucho a mi abuela materna, Sofía Vidal Prunell, que no le perdonaba «su traición» con respecto a su hija, y no soportaba que «se exhibiera» con su concubina. Se empeñó en hacerle la vida difícil, antes y después de la detención.

En la carta (6), José escribe:

Te diré que el otro día tuve una visita de la Sofía, y como puedes comprender dicho encuentro no era de mi gusto y más en las circunstancias en que me encuentro.

José y su compañera cambiaron de dirección el 20 de julio de 1940; la nueva aparece al final de la carta: «Aurelia Lopez, calle Mora del Ebro, 74, 1°. Vallcarca», en un barrio lejos del centro, donde se encuentra el parque Güell. Dice en la carta (8) que tuvo que irse allí para «respirar aire más sano». ¿Huía de Sofía?

Según el acta de la investigación realizada por el juez de instrucción tras su detención en febrero de 1941, vivía de nuevo en Barcelona en ese momento, calle Blay, 42 (barrio del Poble Sec).

En la carta (7) escrita el 13 de marzo, es decir un mes después de su detención y enviada desde el centro de clasificación de personas sospechosas que era el Palacio de las Misiones, dice aún: «en cuanto la Sofía, no ha servido para muchas disgustos», lo que hace pensar que «cargó a muerte» contra él cuando lo arrestaron.

Encontramos en la carta de Fernando (alias Isidro Lafarga) a Lucía, del 26 de abril de 1942, algo que alimenta las peores sospechas: «Además José estará contento de trabajar, pues en la casa que tiene se la busco tu Sra madre».

¿Debemos suponer que Sofía lo denunció? Sin embargo, no hay declaración suya en el expediente judicial: sólo un informe policial del 18 de junio de 1941 indica que, según «Sofía Vidal Prunell, residente en el 35 de la calle Jaime Giralt», el inculpado «ya en periodo rojo abandonó a su esposa a la que daba constantes disgustos».

En esta carta, Fernando nos informa de que él mismo había sido encerrado en ese centro de clasificación durante ocho meses, y que se había encontrado en compañía de José. Añade:

Cuando te escribi la ultima vez, estuve trabajando con José ocho meses. [...] te acuerdas cuando trabajaba día y de noche, y siempre íbamos a verlo los domingos; pues igual pasa ahora, el domingo que viene iré a pasar un rato con el.

Hace alusión a las detenciones de diciembre de 1933. Me enteré, pues, que mi madre, aunque prófuga, iba con Fernando a visitar a su marido encarcelado por el mismo asunto entre 1934 y 1936. ¡Feliz época en que no existía el ordenador!

La última carta de José (9), enviada desde la Modelo,

data del 13 de octubre de 1942, sin saber que estaba cerca de su ejecución. Curiosamente, se considera fuera de peligro, hasta el punto de hacer proyectos de futuro. Hay que creer que sabía que se habían hecho gestiones en su favor.

Espero pues que te decidas en venir. Tus ropas nadie las tocó. Además la Sinta puede darte hospitalidad. O sino la Fernanda tiene una cama. Y en el último recurso, yo haré para arreglar tu situación.

Tres días más tarde, estaba acribillado de balas...

Sólo nos quedaba llorar, como se dice habitualmente. Imaginar la terrible decepción que debió sufrir después del soplo de esperanza que iluminaba su última carta. ¿Cómo vivió sus últimos momentos? Pregunta que viene siempre a la mente y que no deja de ser absurda...

Sin embargo, encontré un pequeño elemento de respuesta.

Felipe Ratero

Mi madre se enteró de la ejecución de su marido a través de un compañero de celda de José. Felipe Ratero Pérez, al parecer, había hecho amistad con él, y el 19 de octubre de 1942 le envió una carta a Lucía. Su contenido merece ser transcrito:

Carta 1 de Felipe Ratero a Madame Gonzalbo Perpiñan.

Apreciada y estimada prima.

Esta tiene por objeto lo siguiente. Supongo que habrás recibido una carta que te escribió nuestro primo (Pepe) dándote una alegría. Yo y nuestra familia también nos alegró mucho; pero luego màs tarde, hace unos días, nuestro primo Pepe ha entregado su alma a Dios. [...] hasta el último momento estuvo pensando contigo. El me decía que si salía bien de la enfermedad que tenía marcharía a una visita; tenía muchas ganas de verte.

Yo ruego mucho a Dios para que nos dé suerte a nosotros para que nos podamos ver algún día. Ya que el no ha tenido esa suerte que toda la familia deseabamos. Espero contestación tuya si recibes esta, que tengo mucha [...ilegible] de que me cuentes muchas cosas buenas que me alivies en esta sintoma de vida que tengo en la actualidad. La tuya me supongo será mucho màs divertida. Ya me lo explicarás tu que tal lo pasas. Por esto nos divertimos mucho pensando en ilusiones de juventud.

Sin más por esta, muchos recuerdos para la familia, y tu recibes un fuerte apretón de manos de tu primo.

Hurgando en los «papeles de familia» que había dejado mi madre, me encontré un fajo de cartas amarillentas olvidadas en el fondo de un cajón. Ignoraba su existencia. Me han permitido conocer mejor el calvario vivido por mis padres. La gran sorpresa fue descubrir las cartas escritas por este Felipe del que nunca había oído hablar. Mi madre le contestó y así se entabló una correspondencia que Felipe necesitaba imperiosamente. Crear un vínculo con el mundo de fuera, con aquellos que «viven», era primordial.

Ese vínculo perduró durante casi siete meses hasta la ejecución del joven libertario. Encontré un total de cinco cartas, cuatro de Felipe y una de mi madre, devuelta por la administración penintenciara con la anotación «ejecutado el 7-5-43». Lucía le decía:

Amigo Felipe, para mi las amistades creadas en oras de sufrimiento me son tan queridas como seres de mi familia. Tu recuerdo va ligado siempre junto al ser que a pesar de sus estravías guardo siempre en el alma; y su recuerdo está siempre en mi.

Extracto de la carta de Lucía a Felipe del 8 de septiembre de 1943.

Los escritos de Felipe son conmovedores, lúcidos. Al leerlos no podemos evitar imaginarnos el choque entre momentos de angustia y otros esperanzadores, reforzados por el hecho de que cinco de sus camaradas condenados por el mismo asunto habían visto su pena conmutada. Las tres cartas siguientes, más extensas, están impregnadas de esta esperanza. Aborda un montón de temas, se embriaga con palabras y frases; se esfuerza en ver más allá del muro...

Así, me he forjado la imagen de la persona que debió ser: fieramente rebelde, comprometido hasta el cuello para cambiar el mundo, y profundamente altruista. Me hubiera gustado saber más de él.

De todos modos, es curioso constatar que, si no he llegado a tener una idea clara de la personalidad de mi padre, la de Felipe, a través del contenido de su correspondencia, me parece perfectamente comprensible, conmovedora hasta el punto de sentir la necesidad de rendirle homenaje.[62]

Jordi Gonzalbo, Perpiñán, 2011-2012

ANEXO A
MI PERRO DE ARAGÓN

Si la derecha nacionalista, el clero y los magnates de la industria no se hubieran aferrado tanto a sus privilegios, si la joven república española no se hubiera defendido con determinación y reivindicado su legitimidad, y si, en fin, el proletariado ibérico no hubiera sido tan ferozmente revolucionario, mi perro Titi —así es como se llamaba mi compañero de infortunio— hubiera llevado una vida relativamente tranquila como todo perro rural tiene derecho a esperar.

Pequeño, robusto y tozudo como todo aragonés que se respete, bastardo a tope, el pelo corto de color marrón salpicado de manchas blancas, una de las cuales rodeaba el ojo derecho y daba la impresión de una curiosa asimetría, la mayor parte de su tiempo hubiera asegurado su subsistencia, buscado un lugar a la sombra en verano y un abrigo seguro en invierno; hubiera corrido aventuras galantes o se hubiera beneficiado de los favores de una congénere seductora; en fin, hubiera asegurado la continuidad y la salvaguarda de la especie.

Ese no fue el caso. La línea del frente que dividía España en dos, atravesaba muchos pueblos, entre ellos el suyo; entre dos tiroteos, mis padres tuvieron un flechazo, la asimetría de su cara atrajo su curiosidad, después su simpatía. Así es como la vida da un vuelco y como nuestro cuadrúpedo se pasó al bando republicano: recorrió las trincheras, se benefició del estatuto de mascota y de las ventajas ligadas a este y se convirtió en un incondicional de la Revolución

De rural se hizo urbano, cuando mis padres volvieron a Barcelona; apenas tuvo tiempo de identificar los olores más interesantes y de marcar su territorio cuando fue a engrosar la fila de los refugiados. Tuvo que cambiar su estatuto de mascota, del que los gendarmes bien alimentados y ceñidos en sus uniformes no hacían apenas caso, por el de refugiado, y un poco después, por el de apátrida. Tuvo su parte de vejaciones, de las que los cánidos autóctonos de Perpiñán o de otro lugar son tan pródigos: encontró su sitio en el cuarto piso de un viejo inmueble en el barrio de Saint-Jacques de Perpiñán.

Ferozmente antifranquista, asistió a todas las reuniones y cenáculos cuya finalidad no era ocupar el lugar del "califa" sino el de ofrecerle un billete para su último viaje. Se enteró de la existencia del Maquis gracias a los efluvios de ciertos zapatos que estaban debajo de la mesa; asistió a todas las actividades políticas o culturales de las que la colonia política era tan pródiga. Que yo sepa, es el único perro con semejante currículum: miliciano en Aragón; refugiado en Barcelona, emigrado en

Perpiñán, militante antifascista en el exilio y, además, conspirador.

Era del tipo gruñón, ladrador; sus encantos no estaban al alcance de todos. Como todo aragonés no se apeaba de sus convicciones. Seguramente, acostado en su cesto, sus largas somnolencias debían estar atravesadas por destellos: el chirrido de sus zarpas sobre el duro suelo de Aragón; el olor familiar del árbol de la plaza donde le gustaba ponerse cómodo, oler, levantar la pata; el viento de sus locas carreras en las trincheras, entre las piernas de los milicianos, lo sentía aún, así como el placer del trueque afectuoso, lametón a cambio de caricia o, más sustancioso, a cambio de un mendrugo de pan...

Soñaba... y un día dejó de hacerlo, cuando tenía quince años; fue un día hermoso y triste. Envuelto en su manta, reposa en un pedazo de tierra rosellonesa...

Por supuesto, otros perros vinieron a llenar ese vacío, se hicieron querer, pero...

Jordi Gonzalbo
Texto publicado en *L'Independant du Midi* en 2005

ANEXO B

EL CENCERRO (EXTRACTOS)

ASAMBLEAS LIBRES
ESTUDIANTILES ...
Y

"El señor Lora Tamayo, ministro de la Educación Nacional,
afirma que los estudiantes podrán tener reuniones públicas."
OCTUBRE 1965

80 % de abstenciones en las elecciones
oficiales universitarias

Manifestaciones estudiantiles
en Barcelona y Madrid

Se autoriza la entrada de la policia
en la Universidad

Los estudiantes piden la destitución del
Ministro de Educación Nacional

Estudiantes expulsados de la
Universidad

Los estudiantes hacen la huelga del
hambre y no acuden a los cursos

Los estudiantes crean sindicatos
autonomos

Las fuerzas del orden
optan por arreglar el
conflicto :

... EN LAS JEFATURAS
DE POLICIA.

Los que hoy rigen los destinos del
pais y no quieren salir, y los que
quieren entrar se han estrujado el
magin y han encontrado la solución.

En que debe cambiarse la forma
sin menear mucho el fondo es la gran
coincidencia.

PARA ELLO :

ESPAÑA NO DEBE :arriesgar sus 25 años
de paz.

ESPAÑA NO PUEDE salirse del orden que
garantiza la legalidad
de hoy conquistada a
la legalidad de ayer
al precio de un millón
de muertos.

ESPAÑA NO TIENE que apartarse del cauce
normal que señalan los
estamentos y estable-
cer el diàlogo con los que
estos nombren.

La fórmula y garantia
pacifica es :

OPUSición
DEImocràtica

> La ironía es el contraveneno
> de la pedantería.
> — Andrés Suárez —

Con asombro, aunque más de un despistado nos lo había insinuado, vemos que la noticia ha hecho vuelo, autopista, carretera, camino, senda y vericueto y se ha aceptado, tranquilamente, como la cosa más natural. No, cien veces no y no mil veces. Nuestra Federación Local "LE SOLER" no ha cogido su denominativo de nombre o apellido personal, sino de un pueblecito encantador, poético, romántico y filarmónico sentado en la falda (sin picardía) de los Pirineos, con fama de buen vinillo, que dicho sea de paso, nos permite "trincar" agradablemente en nuestras reuniones.

Censuramos y atacamos estos principios por las tácticas y finalidades de desprestigio que se persiguen y porque otros principios, tácticas y finalidades, los buenos, los inmejorables, los invariables los intocables, los eternos, nos enseñan a luchar contra el culto de la personalidad.

Si bien los homónimos pueden dar lugar a errores estos no deben alcanzar que tengan que herrar alguno.

"EL CENCERRO" nacido, crecido y aprendido a mover el badajo al calor de esta Federación Local "LE SOLER", con suma satisfacción aclara que estas obscuras y tenebrosas intenciones no han hecho mella en la moral de sus militantes que sigue inmaculada.

Contra nuestra costumbre, y recontra nuestra voluntad el anterior número (3) no fué servido con la prontitud, regularidad y esmero que merecen nuestros lectores. Se nos "escacharró" la rotativa y eso fué todo, aparte que quedemos negros con el "tripoteo". Ni damos excusas ni aceptamos perdón, pero todos aquellos que puedan justificar algún perjuicio, serán indemnizados.

"Sin rancuna"
tiende el badajo el :

Boletín INTERNO Y GRATUITO
FEDERACIÓN LOCAL LE SOLER
de la C.N.T. de España en el Exilio

Número 4   Abril 1965

> Se puede hacer todo con bayonetas,
> salvo sentarse encima.
> — Emile de Girardin —

✗

"Un cierto número de viejos dirigentes anarquistas y altos funcionarios de los sindicatos gubernamentales han firmado en Madrid, el 12 de Noviembre un acuerdo destinado a reforzar la eficacia de la organización sindical gubernamental y a evitar las luchas anteriores.... " Según este acuerdo no debería haber más que una sola central sindical obrera a la cual la afiliación sería obligatoria."
"LE MONDE 19 11 65

SI SE SABE DE DONDE VIENE
NO SE IGNORA ADONDE VAN.

El sindicato vertical, inclinado por sus aspiraciones de único e indivisible, horienta-liza en su cúspide a los descontentos.

Amana que amanarás, recogiendo a quien fué y aparenta serlo, con nombre de efecto, los tira a su ca. o y presenta una combina de arreglo que arreglados estamos si se pica.

Lanzados en su "liberalización" quieren colocar la paja en los ojos de los trabajadores españoles y que se la pongan de viga los de afuera. ? La Confederación Nacional del Trabajo tirando del carro del régimen franquista ? La C.N.T. tiene mucho de más para llegar a eso menos. La C.N.S., cuando va a menos no puede salvarse con eso pretendido más.

Hágense los cálculos, fabríquese el plan, láncense comunicados y ...esperen los resultados.

La palabra la deja
al ausente el

Boletín INTERNO y GRATUITO
FEDERACION LOCAL LE SOLER
DE LA C.N.T. de España en el Exilio

Número 7   Enero 1966

ANEXO C
CIRCULAR DE LOS
SERVICIOSDE INTELIGENCIA

PARÍS, 27 AGOSTO 1963

LAS MAQUINACIONES TERRORISTAS DE LOS ANARQUISTAS ESPAÑOLES EN FRANCIA

I.- LOS MÉTODOS Y LA RED DEL COMITÉ IBÉRICO DE LIBERACIÓN (C.I.L.)

La existencia en Francia de un grupo de anarquistas españoles organizados con vistas al terrorismo en España y al sabotaje de instalaciones y aviones de las compañías aéreas española y portuguesa en las grandes ciudades de Europa, ha sido probado por las detenciones e investigaciones llevadas a cabo tras varios atentados desde hace un año.

1º) Después de las explosiones del verano de 1962 en MADRID, BARCELONA, VALENCIA, SAN SEBAS-TIÁN Y LISBOA, la trotskista francesa Yvette PA-RENT, antigua agente de las redes de ayuda al F.L.N., reconoció en su interrogatorio por la policía española que había venido de París para realizar en España una misión de enlace como parte de la operación terrorista dirigida por Antonio MUR-PEIRON y Jorge CONILL-VALLS, miembros de la "Federación Ibérica de las Juventudes Libertarias" (F.I.J.L.).

2º) El 9 de abril de 1963, tres jóvenes franceses, PE-
CUNIA Alain, BATOUX Guy y FERRY Bernard,
miembros de la asociación VERITÉ-LIBERTÉ, (espe-
cializada en la denuncia de los métodos de tortura en el
ejército francés en la lucha contra el F.L.N.) o del Partido Socialista Unificado (P.S.U.), fueron detenidos en
España cuando habían colocado o se disponían a colocar bombas en el barco que hacía la ruta entre Barcelona y las Baleares (PECUNIA), ante la embajada de los
Estados Unidos en Madrid (BATOUX Guy), cerca de
las oficinas de la compañía aérea IBERIA en Valencia
(FERRY Bernard).

Sus declaraciones demostraban que habían sido con-
tactados en París y en Lyon por españoles miembros de
la F.I.J.L. y que habían aceptado inicialmente, en una
primera misión, transportar a España material (plástico
y aparatos de relojería), después, a finales de marzo, colocar bombas en los lugares indicados. Las informaciones proporcionadas por Guy BATOUX y por Alain
PECUNIA (así como por el padre de éste que presentó
una denuncia ante el ministerio fiscal de la Seine por
sustracción de menores) han permitido identificar en
PARÍS, LYON y TOULOUSE, a un cierto número de
activistas de la F.I.J.L., miembros de la organización terrorista llamada "Comité Ibérico de Liberación"
(C.I.L.).

3º) El 6 de junio, tres bombas incendiarias, colocadas en maletas entre el equipaje de los aviones de las compañías IBERIA y TAP, estallaron unos instantes antes de la partida de estos aparatos hacia Madrid, en los aeropuertos de LONDRES, GINEBRA y FRANKFURT.

En GINEBRA, las sospechas de la policía federal se centraron en el llamado ABARCA Ruiz que, viniendo de París, se había hospedado en un hotel de Ginebra, el 3 y el 4 de junio. Sin embargo, ABARCA Ruiz era conocido como militante de la F.I.J.L., residente en París, 1 bis, calle de la Arbalète. Buscado por comisión rogatoria internacional de M. CURTIN, juez de instrucción en Ginebra, no había sido encontrado.

4º) El 29 de julio, dos bombas explotaron en MADRID, una cerca de la Casa de los Sindicatos, la otra en los locales de la Dirección General de Seguridad que provocó veintisiete heridos, tres de ellos gravemente, entre las personas que esperaban la expedición de pasaportes. El 31 de julio la policía española procedía, en Madrid, a la detención de un español GRANADOS-GATA Francisco y de un francés de origen español DELGADO-MARTÍNEZ Joaquín, venidos uno y otro de Francia, respectivamente de Alès y de París. Los dos hombres reconocieron, en seguida, haber participado en la colocación de las bombas, después se retractaron en el juicio. Se les había encontrado en posesión de 21 kilos de plástico de fabricación francesa, de una pistola, de una metralleta, de una bomba de mecha y de un detonador a distancia.

Una comisión rogatoria internacional, emitida el 9 de agosto por el Tribunal de Primera Instancia de FRANKFURT, encargado de la investigación de la explosión en el avión de la Compañía IBERIA en Frankfurt el 6 de junio, permitió probar que DELGADO-MARTÍNEZ Joaquín, domiciliado en 19 allée de l'Alma en Perreux, hizo el viaje a Frankfurt los días 4, 5 y 6 de junio y colocó la maleta que contenía la bomba en el mostrador de la Compañía IBERIA bajo el falso nombre de CHICA-AMATE José.

El conjunto de informaciones recogidas en las declaraciones en Madrid de DELGADO-MARTÍNEZ y de GRANADOS-GATA ha confirmado las informaciones precedentes sobre la presencia en Francia de los principales organizadores de las expediciones terroristas, que actúan en nombre del C.I.L.

Los elementos identificados pertenecen todos a la "Federación Ibérica de Juventudes Libertarias" cuyo Comité Nacional (5 miembros) es claramente el inspirador de la campaña de octavillas contra el turismo en

España (distribución abundante en París, Toulouse, Ginebra, Madrid, a principios de junio), y, secretamente, el coordinador de la acción terrorista.

Creada en Madrid, en agosto de 1932, la F.I.J.L. no tiene existencia legal en territorio francés. Goza de una simple tolerancia administrativa, como la organización hermana la "Confederación Nacional del Trabajo". Tienen las dos su sede en Toulouse 4, rue de Belfort.

Pero la última, la C.N.T., es un movimiento anarcosindicalista que se propone instaurar la democracia y después la anarquía en España a través del sindicalismo y no aprueba la violencia y el terrorismo.

La F.I.J.L. considera que "si los sectores democráticos nacionales e internacionales no llegan a promover una solución política al problema del fascismo en España, las vías que conducen a acciones de carácter más expeditivo estarán abiertas irremediablemente".

En el seno de la misma F.I.J.L, la Federación de París se muestra la más partidaria de acciones subversivas. Algunos de sus militantes constituyen lo esencial del equipo terrorista del C.I.L., con algunos elementos franceses, portugueses e italianos. Hay que añadir un grupo en Lyon, un grupo en Toulouse y elementos en Grenoble y Perpiñán.

La existencia de una red de complicidad susceptible de ser utilizada por estos grupos, durante las "operaciones", se ha conocido también por el descubrimiento, en julio de 1962, de un documento imprudentemente perdido, en los Pirineos Orientales, por uno de los activistas terroristas de la F.I.J.L., GUERRERO-LUCAS Jacinto. Se trata de una lista de contactos en Francia y en los países de Europa y de América del Sur donde se han creado células de anarquistas españoles después de la guerra civil.

Ahora bien, casi todos los activistas terroristas que se han descubierto en el curso de las precedentes operaciones se encuentran en esta lista. Hay ciertamente, además, muchas otras personas que se declaran sindicalistas, opuestas a la violencia. Se trata, a menudo, de naturalizados franceses que militan en el seno de sindicatos y partidos franceses respetables, siempre no comunistas (F.O., C.F.T.C., S.F.I.O., P.S.U., etc.). Pero GUERRERO-LUCAS contaba con ellos, y no sin razón, para obtener una ayuda financiera, posibilidad de escondites y de contactos, un apoyo de propaganda en caso de detenciones y de dificultades. La tradición anarquista, el odio al franquismo siguen siendo fuertes entre los españoles exiliados, y tanto viejos como jóvenes, aparentemente aclimatados en Francia y aburguesados, son susceptibles, impulsivamente y si se les persuade de que corren poco riesgo, especialmente por su condición de franceses, de lanzarse a una expedición terrorista.

II.- OBJETIVOS E INCAUTACIONES DURANTE LOS INTERROGATORIOS Y REGISTROS.

Se trata de encontrar:

1º) Explosivos, mecanismos de bombas de relojería, armas. Hay pocas posibilidades de que se encuentren en los locales oficiales de la F.I.J.L. o en los domicilios de los militantes.

Pero indicios (documentos, cartas, códigos, fotografías), encontrados durante los registros, pueden orientar la investigación hacia los dirigentes.

2º) Se deberá incautar, pues, todo documento mecanografiado o escrito, y todas las cartas cuyos términos puedan hacer alusión a una acción subversiva. De manera general, puede ser interesante toda correspondencia entre anarquistas españoles, italianos, portugueses y franceses, aunque presente a primera vista un carácter familiar anodino. Entre los anarquistas españoles el terrorismo es un asunto de familia.

3º) Para solucionar los atentados cometidos en los aeropuertos de GINEBRA, FRANKFURT y LONDRES, habrá que investigar los pasaportes, los billetes de ferrocarril y de avión, las facturas, las notas de gastos, etc. que permitirían probar qué elementos han ido a esas ciudades entre el 1 y el 6 de junio.

4º) El C.I.L. ha difundido desde principios de año cinco declaraciones mecanografiadas donde reivindica los diversos atentados cometidos y anuncia represalias. Esas octavillas deberán ser incautadas.

5º) El periódico de la F.I.J.L., "NUEVA SENDA", imprimido en Toulouse, ha sido prohibido por orden ministerial del 26-3-1963 publicado en el Diario Oficial del 3 de abril de 1963, debido a sus exhortaciones a la violencia y de su acción, con miras a la subversión en España, perjudicial para los intereses diplomáticos de Francia.

Acaba de volver a salir clandestinamente con el mismo formato 28/38 y las mismas características tipográficas con el nombre "F.I.J.L.", adornada la sigla con la bandera anarquista roja y negra.

Se deberán incautar los ejemplares y los poseedores perseguidos por difusión de un órgano prohibido.

III.- INTERROGATORIOS Y REGISTROS A REALIZAR.

1º) En PARÍS

Locales

En el 24 rue Ste. Marthe (10º), a la vez sede de las Federaciones local y regional de la F.I.J.L. y de la C.N.T., y de la Solidaridad Internacional Antifascista.

Hay también allí una librería libertaria en lengua española y es un lugar importante de reuniones y conciliábulos.

En el 3 rue Ternaux (11º), sede de la Federación anarquista de Francia (F.A.F.), y probablemente lugar de reunión de los clandestinos de la célebre Federación Anarquista Ibérica (F.A.I.)

Además, Librería del Mundo Libertario.

Individuos:

ARINO-SAHUN Robert, ha participado en la operación terrorista de Madrid el 29 de julio.

SÁNCHEZ Agustín, secretario-tesorero del Comité Nacional de la F.I.J.L.

ABARCA Luís, que viajó a Ginebra en la fecha del atentado del 6 de junio.

DROUET Claude, francés, miembro de las "Juventudes Libertarias Francesas", agente de enlace en España en el momento de los atentados del verano de 1962.

MERA Cipriano, relacionado con Joaquín Delgado.

BORNICHON Monique, agente de enlace, amiga de Alain PECUNIA.

POLI François, ha participado en las operaciones en España del verano de 1962, amigo de Alain PECUNIA.

CHEVALIER Alexandre, instigador de la misión de Alain PECUNIA.

LUCAS-GUERRERO, Jacinto, responsable del C.I.L.

FONCILLAS Francisco, miembro de la F.I.J.L., susceptible de ser el "Paul" que organizó la expedición de los tres jóvenes franceses a España, a principios de abril del 63.

PIQUER Herme, relacionado con GURUCHARRI Salvador, llamado "El INGLÉS", miembro del Comité Nacional de la F.I.J.L.

QUESADA-MÁRQUEZ Juan, interrogado en Perpiñán la noche del 26 de agosto, portando armas y octavillas.

NERVI, anarquista italiano.

IMBERNON Nardo, secretario general de las Federaciones local y regional de la F.I.J.L.

PASCUAL José, animador de la F.I.J.L. en París.

MARTÍN-ARMENDÁRIZ (posiblemente el ROS José que dio la orden a Joaquín DELGADO de llevar una bomba a Frankfurt).

DOT-ARDERIU José, fundador del primer movimiento terrorista anarquista, el Movimiento Popular de Resistencia, y antiguo especialista de los robos a mano armada.

2º) En LYON

Locales

Una barraca Adrian[63], situada en el 286 Cours Émile Zola en Villeurbanne, sede de la Federación local de la C.N.T., lugar de reunión de los anarquistas de Lyon.

Individuos:

CARLUCCI Bruno Carmine, anarquista italiano, en situación irregular en Francia.

FLORES Bartolomé, alias FERNÁNDEZ Pedro, militante anarquista de Lyon, que pidió al joven Guy BATOUX que cometiera un atentado en España (abril 1963).

BARBEZAT Josseline, relacionada con FLORES Bartolomé.

MARTÍNEZ Juan, secretario de propaganda de la sección de Lyon de la C.N.T.

ROS Antonio, secretario de Organización del Comité nacional de la F.I.J.L.-es quizá el MARTÍN-AR-

MENDÁRIZ que dio en Lyon las últimas instrucciones con vistas a los atentados como las dio a DELGADO en París.

ROS Matías, militante anarquista, hermano del anterior.

Mlle SETBON Nicole, doctora, antigua agente de enlace del F.L.N. actualmente con el grupo anarquista español de Lyon.

Convendrá también investigar a los llamados:
IZQUIERDO Martín
y PILAR Françoise
no identificados.

3º) En TOULOUSE
Locales
El 4 rue de Belfort, sede de la C.N.T. y de la F.I.J.L.

Individuos
SOS-YAGÜE José Luís, secretario de Relaciones exteriores del Comité Nacional de la F.I.J.L.

La mujer de este último, militante anarquista apasionada.

GURUCHARRI Salvador, llamado el Inglés, miembro del Comité Nacional de la F.I.J.L.

MOLINA Antonio, miembro del Comité Nacional de la F.I.J.L.

LIARTE-RUIZ Ramón, señalado por PECUNIA como un responsable del C.I.L.

FERNÁNDEZ-DIEZ Ángel, ex-secretario de organización del Comité Nacional de la F.I.J.L.

GUINARD-FABREGAT Enrique, miembro de la F.I.J.L. en la región de Toulouse.

RAMOS Ángel en Toulouse (Haute-Garonne), relacionado con ROS Antonio, secretario de Organización del Comité Nacional de la F.I.J.L.

MARTIN Moïse en Caillac (Lot), secretario general del Comité Nacional de la F.I.J.L.

PÉREZ-GONZALES Deogratias, ha distribuido en Ginebra octavillas de la F.I.J.L. denunciando la ayuda financiera aportada por los turistas extranjeros a FRANCO. Sus padres (el padre miembro de la C.N.T.) están domiciliados en Albi (Tarn).

4º) En PERPIÑÁN

ARENAS-GONZALES Aniano, que ha alojado al célebre terrorista anarquista "CARAQUEMADA", recientemente abatido por la "Guardia Civil", cuando intentaba sabotear la vía férrea entre Port-Bou y Barcelona.

SOLER-CIERCOLES Francisco, señalado como miembro del C.I.L. por Alain PECUNIA, relacionado con el responsable del C.I.L. GUERRERO-LUCAS.

FERNÁNDEZ-AFENS Aurelio, señalado por Alain PECUNIA, relacionado con GUERRETO-LUCAS.

NOEL Jacques, agente de enlace, ha organizado la partida de jóvenes franceses e italianos del equipo PE-CUNIA hacia España durante el verano de 1962.

GONZALBO-ESTEVE Jorge, en Perpiñán (P-O), miembro de la F.I.J.L., relacionado con muchos jóvenes libertarios italianos y españoles.

LALET Jeanne, esposa de GONZALBO Esteve, se encarga, así como su marido, de los contactos entre los grupos libertarios de Francia, España e Italia; muchos viajes a España.

5º) En AVIÑÓN

MÁRQUEZ-RODRÍGUEZ Antonio, simpatizante de la C.N.T. de Aviñón, susceptible de que se le confíen misiones delictivas por su simplicidad de espíritu.

MUNICHA-LARRAONA Auguste, tesorero de la C.N.T. de Vaucluse, interrogado en junio de 1963 cuando distribuía octavillas de la F.I.J.L.

MARTÍ-VERDÚ Vicente, animador de la sección de Vaucluse de la C.N.T., interrogado en junio de 1963, cuando distribuía octavillas de la F.I.J.L.

CLAVERO-FLORES Andrés, en Aviñón (Vaucluse), destinatario de un telegrama de GRANADOS-GATA, este último le informaba del cumplimiento de su misión en Madrid.

7o) GRENOBLE

TOLEDO-NIETO Juan, miembro de la C.N.T., de la tendencia "dura".

MORCHON Daniel, miembro de la C.N.T., de la tendencia "dura".

8o) SAINT-ÉTIENNE

NAVARRO Floreal, en Roanne (Loire), miembro de la F.I.J.L. Ha efectuado varios viajes a Suiza e Italia, podría servir de agente de enlace.

ANEXO D

BIOGRAFÍAS DE ALGUNAS PERSONAS Y UN PEQUEÑO DOSSIER SOBRE FELIPE RATERO

Algunas precisiones para comprender mejor este dossier:

GONZALBO (O GONZALVO) BENEDICTO JOSEPH HENRI

Hijo de Eduardo y María

Nacido el 21 de noviembre de 1902 en Gabian (Béziers), Francia.

Detenido en Barcelona el 19 de diciembre de 1933.

Liberado en febrero de 1936.

Pasa a Francia en febrero de 1939 y es internado un tiempo en el campo de Argelès antes de reunirse con su mujer Lucía en Perpiñán.

Regresa a Barcelona en octubre de 1939 con su verdadero nombre (¿qué garantías tenía de no ser detenido por cenetista?).

Detenido en Barcelona en febrero de 1941.

Juzgado el 3 de julio de 1942; se le confirma la pena de muerte el 3 de octubre de 1942.

Ejecutado el 16 de octubre de 1942 en el Campo de la Bota.

Esteve Vidal Lucía

Nacida el 26 de mayo de 1903 en Cassà de la Selva (Provincia de Gerona).

Hija de Pedro Esteve Puig y de Sofía Vidal Prunell.

Afiliada a la CNT toda su vida.

Detenida en Barcelona el 19 de diciembre de 1933.

Evadida de la cárcel de mujeres de Barcelona el 26 de febrero de 1934.

Vive en la clandestinidad hasta febrero de 1936.

Pasa a Francia en la primavera de 1937.

Afiliada a Solidaridad Internacional Antifascista (SIA).

Fallecida en Perpiñán el 15 de noviembre de 1987.

LÓPEZ RODRIGO AURELIA

Compañera de José, quizás desde 1936.

Tuvo una hija con él, nacida probablemente en 1938. José intentó, sin éxito, pasar a Francia con él a Aurelia y a su hija en enero de 1939.

Es sin duda para reunirse con ellas por lo que volvió en octubre de 1939 a Barcelona.

Quizá ya estaba muy enferma pues murió en marzo de 1941, mientras José estaba en la Prisión del Palacio de las Misiones. Eso lo declaró el 6 de junio de 1941 Sofía Vidal Prunell, madre de Lucía Esteve, según la cual José tenía "un niño y una niña" con Aurelia ("Sumario José Gonzalvo Benedicto").

Ratero Pérez, Felipe

Nacido en 1914, compañero de celda de José.

"Ejecutado el 7 de mayo de 1943 en el Campo de la Bota.

29 años. Nacido en Santo Espíritu (Salamanca). Campesino. Soltero.

Confederal residente en Esplugues de Llobregat.

Juzgado Militar n.º 12[64]"

Hemos sabido más sobre este joven cenetista gracias a *La Vanguardia* del 4 de septiembre de 1942 (pág. 7). Un artículo da cuenta de un "Consejo de guerra" donde nos enteramos de que Felipe Ratero fue sargento del séptimo tabor de Regulares de Melilla, y desertó en el frente del Jarama llevándose una metralleta. En 1939, formaba parte del batallón de trabajadores n.º 66 cuya sección se encontraba en el Prat de Llobregat. Preparó un levantamiento armado con el faísta Juan Sánchez Medina (en realidad Mendía), antiguo capitán de la columna Durruti, y con José Montiel Soler[65].

Tenían armas, municiones y bombas y, con una docena de otros conjurados, decidieron atacar el cuartel de la Guardia civil, el local de la Falange y el campo de aviación del Prat de Llobregat. Pero habrían sido denunciados por un soldado del batallón de trabajadores, y detenidos el 10 de agosto de 1939. Así es como se les formó un consejo de guerra en septiembre de 1942.

Se pidió la pena de muerte para los tres. Se informó de su ejecución en *La Vanguardia* del 8 de mayo de 1943.

Gracias a un amigo barcelonés, pudimos ver el contenido del expediente judicial de Felipe Ratero que se encuentra en los archivos del Tribunal Tercero de Barcelona (Pérez, Ratero Felipe, n.º archivo 35894, caja 1939).

Felipe Ratero era hijo de Francisco y de Rogelia. En 1936 era un joven de 22 años, moreno de piel y negro de cabellos, según su ficha policial. Desertó del 7º tabor n.º 2, 3ª compañía, el 30 de agosto de 1937 en Oliva de la Calva (Jarama), llevándose una metralleta que tuvo que abandonar bajo los disparos del centinela. Fue detenido al final de la guerra bajo la falsa identidad que se había dado: José Martínez Buendía.

La investigación del 11 de agosto de 1939 afirma que desde principios de mes se había urdido un complot por civiles del Prat de Llobregat que se pusieron en contacto con soldados y trabajadores de los batallones de trabajadores 66, 141 y 144.

Entre estos últimos, José Martínez Martínez denunció y se infiltró en el grupo que no tuvo tiempo de actuar. El "chivato" señaló como responsables principales a José Sánchez Mendía, 23 años, un ex "miliciano de la FAI" y antiguo sargento del ejército republicano, entonces simple civil que residía en el Prat; a José Montiel Soler, 30 años, del batallón 144, y a Felipe Ratero. Después de haber sido interrogados por la Guardia civil (y nos imaginamos cómo) estos imputados, así como una docena de "cómplices", la mayoría libertarios, fueron conducidos al Palacio de las Misiones el 9 de octubre de 1939. En el Consejo de guerra que tuvo lugar el 3 de septiembre de 1942, la relación de los hechos menciona que los conjurados querían "tomar posesión de la localidad y del aeródromo del Prat, vestirse de uniforme, armarse e ir a liberar a los presos de Barcelona". Su abogado argumentó que el delito era imposible porque en realidad no tenían bastantes medios. Pero la suerte estaba echada: les impusieron tres penas de muerte y elevadas penas de cárcel.

A través de este dossier, la imagen de Felipe toma un poco de consistencia. Nos enteramos de que además de la preparación de elementos de propaganda destinados a la población española, con varios camaradas se planteó —nada menos— tomar al asalto el cuartel, el local de la Falange y el aeropuerto del Prat de Llobregat.

Hubiera podido, bajo su nombre falso, intentar vivir lo menos mal posible su privación de libertad, anónimo en el seno de la multitud que componía los batallones de trabajadores, esperando días mejores. Esa no fue su elección. Su acción estuvo en total consonancia con sus ideas, con todo lo que expresa en sus cartas: el compromiso, la radicalidad, la rebeldía. Para Felipe y sus compañeros, la guerra no había terminado.

Extractos de sus demás cartas a Lucía Gonzalbo

Carta 2 de Felipe a Lucía.

«Barcelona, 12 de noviembre de 1942.

Apreciada prima Luci [sic]

He recibido la tuya fecha del 24 del pasado; en ella veo el sufrimiento tan grande que te ha causado la mía anterior. En tanto lo siento, pero [...] he cumplido con mi obligación. Ya que yo padezco de la misma enfermedad. Si te faltara contestación a alguna carta tuya, me creo no dudarás el motivo.

Lo que más me [...ilegible] tu carta, es que veo que comprendes la vida y que tienes el valor para enfrentarte a las vicisitudes que nos presenta la vida en la actualidad. [...ilegible] si por mala suerte no pudiéramos intercambiar verbalmente nuestros sufrimientos, algunas cosas tengo que contarte referando a Pepe se merece le hagas comprender a tus dos hijos tengan su recuerdo.

Quisiera que estas lineas te sirvieran de alivio a tus penas [...]. Creo que debemos [ilegible] nuestros [ilegible] para atraer hacia nosotros nuevos ritmos de alegría, que siempre estando dotados de este sentido pasamos mucho mejor la vida.

Sin más por esta, besos para los nenes tu recibes el aprecio muy sincero de tu primo

Felipe Ratero»

Carta 3 de Felipe a Lucía.

«*Barcelona, 20 de diciembre de 1942.*

Apreciada y estimada Luci:

Recibí tu [carta del] 17 del mes pasado, a la cual di contestación, pero [...] me fue devuelta por no familiar.

Debido a mi tardanza, estarás intranquila por la amistad que nos une, pero en esta me supongo recibirás una alegría para ti inesperada. [...] esperando no darte luego más tarde un desengaño igual que te pasó con Pepe.

Sabrás que el día 7 del actual me fue notificada la conmutación de la pena de cinco de compañeros más. Pero no fue confirmada. Nos han dicho que han sido conmutadas por el Caudillo, y por esto motivo me induce a tener más seguridad en mi suerte.

Me decías [en tu carta] cómo salió Pepe, o mejor dicho qué valor nos demostró delante de sus compañeros en sus últimos momentos. Dentro de lo sentimental que era tuvo bastante serenidad y valor, tanto es así que, después de darnos un fuerte abrazo de compañeros, levantó hacia arriba la cabeza y sonriendo dijo: esto se ha hecho para los hombres! Así que dentro de todo puedes estar tranquila; comprendo que ha honrado tu personalidad.

Según leo en [tu carta,] te relacionas como buena amistad con los libros después de tu extenso trabajo. Pues admiro tu buenas relaciones con tan fiel amigo. Ahora bien, contando de que esos libros son productivos para la buena marcha de la Nueva sociedad y bienestar de la humanidad; porque [ilegible] vemos que hay tambien por desgracia bastante cantidad de libros malos que en vez de [...] señalarnos la linea recta y bien esclarecida al alcance de todo el pueblo, nos enseñan lo contrario o sea nos desvían del camino que tenemos que tomar, toda clase humilde, nos entorpecen nuestros sentidos. Y en vez de unirnos y amarnos igualmente que si fuéramos hermanos, nos apartan de la realidad y nos dividen prendiendo una lucha entre nosotros, como si fuéramos fieras[...]

Comprendiendo este tema, tenemos que tener en cuenta las palabras que dijo Jesus-Cristo al pueblo; [...] para el bienestar de toda la humanidad no habrá esclavos ni oprimidos. Bonito tema para poder abolir los opresores.

Quisiera, si recibes esta carta, que me des la solución que saques de este pequeño tema que te pongo. [...] He terminado de leer el libro titulado [ilegible] volumen uno. Está bastante bien, pero para la sociedad actual tenemos que comprender que es muy antiguo. Tenemos que pensar en otros temas que sean más fáciles, de más entendimiento para el pueblo, y procurar también como fase primordial de examinar por completo el sistema guerrero.

Mi familia se encuentra a larga distancia, pero no obstante se portan bastante bien. Mis pretenciones ya puedes tu misma hacerte una idea de cuales pueden ser más o menos: soy joven y soltero pero tengo meras pretenciones que quizás no las pueda poner en práctica. [...ilegible]

Antes no tenía la esperanza de acompañarte durante mucho tiempo, ya sabías la enfermedad que padecía. Pero la suerte ha querido [que] salga victorioso de tal enfermedad, lo que me da una tranquilidad que no puedes imaginar. Con mucho gusto seguiré cumpliendo con nuestra cordial amistad.

Sin nada más por el momento, muchos recuerdos para tus nenes y recibe el aprecio más sincero de tu fiel amigo. Felipe».

Carta 4 de Felipe a Lucía:

Apreciada Luci:

En mi poder tu carta hoy día 1° de mayo fecha muy conmemorable para nosotros, ¿verdad Luci? Las circunstancias de la vida con la actualidad nos impiden de disfrutar de los derechos y libertades que nos pertenecen a los trabajadores; pero tengamos paciencia que los que estamos acostumbrados a subir tantas penalidades no se nos hace nada de nuevo de sufrir algunas - cuantas más. [...]

Mi situación en la actualidad es bastante más aliviada que la que tu sabes era hace algún tiempo atrás. Plenamente confirmada no puedo decirte pues no he vuelto a saber nada, pero va a cumplir cinco meses que estoy en el mismo estado. Confío por el tiempo que hace no habrá novedad referente inminente. [...]

Ya me dirás como ha pasado el primero de Mayo, me supongo que no habrás olvidado el magnificado de este día con las costumbres que adoptamos los trabajadores en nuestra tierra natal, aunque materialmente no lo pasarás muy bien, pero solamente el gozar de la libertad es muy grande. Llevo trabajando desde algún tiempo en un taller de sastrería, y me pasa el tiempo más de prisa, más distraído. [...]

Refrente a mis temas me agradaría muchísimo que notificaras el análisis que harás hecho de ellos; pero ten cuenta que según de la forma que lo escribas puede llegar a mis manos o no puede llegar, cosa que si esto ocurriera lo sentiría mucho.

No puedes suponerte los deseos que tengo de que llegue el momento de poder exponernos nuestros criterios mano a mano, que me parece tendríamos un buen rato de polémica. Si tenemos suerte este deseo no tardará en verse cumplido, contando que lo antes expuesto sea de tu agrado.

[...] Según tengo entendido tienes una vida bastante ajustada, no muy regalada. Pero siempre estarás mucho mejor que en esta. [...] Yo, en este sentido, tengo mis momentos de recuerdo, y procuro fijar una posición estable y forjada para, cuando llegue el momento, no tenga que vacilar: parece que esto no tiene importancia, pero bien mirado detenidamente [tengo] mucho trabajo que realizar.

Quizás te aburren mis cartas demasiado pesadas. Yo no quisiera molestarte sino al muy contrario que estas te sirvieran un momento más, este agregado a otros que tu tengas buenos. Si esto fuera el contrario, quisiera me fuera sincera y me des normas que sean agradables para ti. Ten en cuenta que yo tengo buena conformidad, aunque debido a mi edad no tengo una experiencia de la vida. Pero tengo mucha voluntad para expansionarme.

No cansándote más, me despido de ti, hasta la tuya [carta] que sea pronto, con un fuerte apretón de manos de tu fiel amigo
Barcelona 1-5-43.

Felipe Ratero fue ejecutado ocho días después de la redacción de esta carta.

POSTFACIO
Myrtille Gonzalbo (2025)

Ver estos *Itinerarios* publicados en España tras el reciente fallecimiento de Jeanine y Jordi me devuelve la calidez de aquellos momentos memorables vividos por la niña que fui en los años sesenta. Los pequeños pisos donde vivíamos —siempre en el barrio de St Jacques de Perpiñán— adquirían dimensiones extraordinarias cuando sus puertas se abrían a los compañeros que iban hacia el Interior o volvían, si tenían suerte.

Estos jóvenes libertarios españoles, franceses e italianos llegaban llenos de coraje, propaganda y a veces regalitos para mí, debo decir...

Jeanine iba a recogerlos a Puigcerda[1], o pasaban por Perpiñán en camión, moto o coche. Algunos de sus rostros siguen grabados en mi memoria: Joaquín Delgado, Jorge Conill, Kiko *el Milanés*, para quien hacer café era un asunto demasiado serio como para dejarlo en manos francesas. Y luego nos enterábamos de la detención de algunos en el otro lado, de las torturas a las que fueron sometidos, de los asesinatos.

Una vez un tipo no pasó por la puerta porque su pedigrí no parecía el adecuado. De hecho, los intentos de infiltración en el MLE eran frecuentes, y no siempre se detectaban a tiempo. Las Juventudes Libertarias lo pagaron caro.

Al final de una reciente presentación de los *Itinéraires* en Tours, una «hija de» me confesó que yo tenía mucha suerte de que mi familia me hubiera contado tanto sobre sus actividades políticas. Sus padres comunistas no le contaron nada. En cambio, desde los cinco años, su tío anarquista le hablaba con gusto de sus ideas y prácticas subversivas en España.

Lucia, Jordi, Jeanine, Florencia, Vicente, Paco y Renacer Soler —cuya casa del Haut-Vernet se convirtió en el centro neurálgico del grupo libertario de Perpiñán—; Manuela Vicente y Manuel Gracia, en la casa cerca; Montserrat Turtós y José Morato —cuya área de St Laurent de la Salanque se convirtió en el campamento de verano de los libertarios de todas las tendencias—; José Pobla, Salvador Gurucharri, Vicente Martí, Henri Mélich, Alain Pecunia, Guy Batoux y Bernard Ferry, Stuart Christie...

Estos hombres y mujeres perdurarán durante mucho tiempo. Vivirán en nuestros recuerdos, en algunas de nuestras formas de hacer y pensar, y en nuestro deseo de criticar lo que hay que criticar. Numerosos escritos, fotos y entrevistas sobre ellos y ellas se han difundido en Francia y en España, y las bibliografías se enriquecen cada vez que se publica un libro sobre los grupos libertarios. Todavía hay mucho en lo que inspirarse. Y eso es bueno, porque el recuerdo de esta fraternidad anarquista con las puertas siempre abiertas nos ayuda a vivir, sobre todo hoy.

Como indicaba el subtítulo, este libro no contiene la descripción miserabilista de los vencidos que han venido a establecer abundantes libros y conmemoraciones sobre la retirada. Incluso puedo decir que Jordi lo escribió para liberar un poco la historia de los exiliados de la ganga memorialística y emocional donde, a veces, no son más que una masa indistinta de hombres, mujeres y niños sufrientes.

«El relato de las víctimas absorbe todos los demás, los reduce a la nada y contribuye a la neutralización de los conflictos del pasado. Como todo el mundo fue "víctima de una guerra fratricida", ya no tiene sentido buscar el sentido de la guerra y de la revolución española. La propia palabra revolución ha desaparecido de todas las discusiones, debates y publicaciones que tratan de la "recuperación de la memoria histórica"», también señaló Daniel Aïache en 2011.

Terminaré con estas palabras de una amiga de la familia y protagonista de los hechos relatados en *Itinerarios*:

«Jordi nos ha dejado. ¿Y qué puedo decir de Jordi? Aparte de lamentar su fallecimiento, me gustaría destacar las tres características que considero imprescindibles para cualquiera que sueñe con cambiar el mundo: ser coherente, consecuente y crítico. Tres atributos que formaban parte de él y que pude detectar a través de su vida y sus escritos. Era una de esas raras personas cuya ausencia deja un vacío imposible de llenar».

Alicia Mur Sin, Barcelona, junio de 2025.

---

01. Véase la frecuencia de sus pasajes en su entrevista con Laura Vicente: gimenologues.org/spip.php ?article1084, en el libro de Guillaume Goutte (2013) y en el texto de Tomás Ibañez sobre Jorge Conill (2024).

Bibliografía y filmografía

Libros y textos

AIACHE, Daniel, «Mémoire, oubli et récupération de la mémoire historique de la guerre civile espagnole» (2011): http://usagespublicsdupasse.ehess.fr/wp-content/uploads/sites/7/2014/05/Aiache._Memoire_oubli_et_recuperation.pdf

ALBEROLA, Octavio y GRANSAC, Ariane, *El anarquismo español y la acción revolucionaria 1961-1974*, Ruedo Ibérico, París, 1975.

BUSQUETS, Joan, *Veinte años de prisión. Los anarquistas en las cárceles de Franco*, Fundación Anselmo Lorenzo, Madrid, 1998. *Trayectoria de un joven libertario nacido en 1928 en Barcelona.*

CAPMANY SANZ, Dani, *Quemar a Troncoso. Inteligencia libertaria durante la guerra civil española*, Piedra Papel libros, Jaen 2024.

CHUECA, Miguel, «Espagne 1963, l'affaire Delgado-Granado», *Gavroche* n.º 133, janvier-février 2004 (Revista de Historia Popular).

COMOTTO, Agustín, *El peso de las estrellas. Vida del anarquista Octavio Alberola*, Rayo verde, 2019.

ÉDITIONS LIBERTAIRES, ÉDITIONS NO PASARÁN, *Espagne 1936-1975. Les affiches des combatant-e-s de la liberté*, tomo 2, París, 2007.

FERGO, José, «Au temps des 'Jeunesses' ardentes. L'histoire en héritage», recensión crítica del libro *Insurgencia libertaria* publicado en el *Bulletin de critique bibliographique À Contretemps* n.º 39 consagrado a las Figuras del anarquismo en Tomás Ibáñez.

FONSECA, Carlos, *Garrote vil para dos inocentes. El caso Delgado-Granado*, Ediciones Temas de Hoy, Madrid, 1998.

GASCON RICAO, Antonio, *Sabaté, la otra historia*, 2025:

https://serhistorico.net/2025/02/03/sabate-la-otra-historia/

GIMENEZ, Antoine, *Del amor, la guerra y la revolución. Recuerdos de la guerra de España del 19 de julio de 1936 al 9 de febrero de 1939*, Pepitas de Calabaza, Logroño, 2009.

GONZALBO, Jordi, *Une joyeuse mélancolie.* Billets d'humeur envoyés au journal *L'Indépendant du Midi* de Perpignan, Balzac éditeur, 2024, Perpignan.

GOUTTE, Guillaume, *Passeurs d'espoir. Réseaux de passage du Mouvement libertaire espagnol (MLE) 1939-1975*, Éditions libertaires, 2013.

GUILLAMÓN, Agustín, *Barricadas en Barcelona. La CNT de la victoria de julio de 1936 a la necesaria derrota de mayo de 1937*, Ediciones Espartaco Internacional. 2007.

ASENS, Josep y GUILLAMÓN, Agustín, *Anarquistas y orden público. Josep Asens y las Patrullas de Control*, Descontrol, 2025

GURUCHARRI, Salvador e IBÁÑEZ, Tomás, *Insurgencia libertaria. Las Juventudes Libertarias en la lucha contra el franquismo*, Virus, Barcelona, 2010.

GURUCHARRI, Salvador, *Bibliografía del anarquismo español, 1869-1975*, La Rosa de Foc, Barcelona, 2004.

HERRERÍN LÓPEZ, Ángel, *La CNT durante el franquismo. Clandestinidad y exilio (1939-1975)*, Siglo veintiuno, Madrid, 2004.

IBAÑEZ, Tomás, *Fragmentos de memoria histórica de la lucha libertaria contra la dictadura franquista: junio-agosto de 1962*, Barcelona, Junio 2024.https://www.portaloaca.com/historia/historialibertaria/fragmentos-de-memoria-historica-de-la-lucha-libertaria-contra-la-dictadura-franquista-junio-agosto-de-1962/

ÍÑIGUEZ, Miguel, 2008, *Enciclopedia histórica del anarquismo español*, 3 tomos, Asociación Isaac Puente, Vitoria, 2008.

LOS GIMENÓLOGOS, *En busca de los Hijos de la Noche. Notas sobre los Recuerdos de la guerra de España*, Pepitas de Calabaza, Logroño, 2009.

LOS GIMENÓLOGOS, *¡A Zaragoza o al charco! Aragón 1936-1938. Historias de protagonistas libertarios*, Fundación Aurora Intermitente y Sueños de Sabotaje, Madrid, 2023.

MARTÍ, Vicente, *La saveur des patates douces. Histoire de ma vie, 1926-1976*, Atelier de Création Libertaire, Lyon, 1998.

MARTÍNEZ BANDE, José Manuel, *La invasión de Aragón y el desembarco en Mallorca*. Monografías de la guerra de España n.º 5, Ed. San Martín, S.L. Madrid, 1989.

MONJO, Anna, *Militants. Participació i democràcia a la CNT als anys trenta*, Ed. Laertes, Barcelona, 2003.

IMANOL, *Ni Cautivos ni Desarmados*: https://www.elsaltodiario.com/ni-cautivos-ni-desarmados

PAZ, Abel, *Viaje al pasado (1936-1939)*, Fundación Anselmo Lorenzo, Madrid, 2002.

PECUNIA, Alain, 2004, *Les Ombres ardentes. Un Français de 17 ans dans les prisons franquistes*, éditions Cheminements, Le Coudray-Macouard, 2004. Desde 2011 se encuentra en Feedbooks la versión digital (y actualizada) de este libro bajo el título: *Sombra y Sol-Matricule 44* (así como la versión española titulada *Sombra y Sol*).

PEÑALVER SEGURA, Hèlios, *Història de Juan Peñalver Fernández. De la pols de Mazarrón a la neu dels Alps. Vida, exili i mort d'un llibertari*, Arxiu Comarcal del Baix Llobregat i Consell Comarcal del Baix Llobregat, 2019.

SOLÉ I SABATÉ, Josep Maria, *La repressió franquista a Catalunya 1938-1953*, Ed. 62, Barcelona, 1985.

SOLER, Alba, *El Cencerro, boletín humorístico 1964-1966, boletín interno y gratuito. Federación local de Le Soler de la CNT española en el exilio*, Tesis de licenciatura bajo la dirección de Mme. Placer Thibon, Université de Toulouse-Le Mirail, UFR de lenguas; departamento español, Toulouse, septiembre 2001.

SOLER, Francisco "Paco", *Mémoires 1915-1947. Un jeune libertaire espagnol dans la tourmente*, Le Coquelicot, Toulouse, 2022. (Vol I)

En la página web "Sortir du Capitalisme", entrevista dada por Myrtille Gonzalbo sobre la trayectoria de Lucía Esteve Vidal: http://www.sortirducapitalisme.fr/239-histoire-d-une-anarchiste-espagnole-des-annees-1930-avec-myrtille-des-gimenologues

TÉLLEZ SOLÁ, Antonio, Sabaté. *Guerrilla urbana en España (1945-1960)*, Virus, Barcelona. 1992.

Films

BOUTONNET, François, *Il nous faut regarder, de l'Espagne libertaire à l'exode en France, les libres itinéraires d'exil de José et Jordi*, Kalimago films, 2009. http://www.kalimago.com

"Todavía hoy, todo lo que se refiere a la revolución española está bañado por una luz peculiar. Setenta años después de su fin no se distingue muy bien lo que se le puede atribuir. Con el exilio, sus rastros ya no son evidentes, están amarillentos, borrosos y muy cerca de ser olvidados. Sin embargo, son numerosos y su originalidad permanece: testimonios directos, libros, fotos, cartas, fragmentos de película, poemas, canciones, anécdotas, imágenes componen un material en bruto de una diversidad desconcertante. Su reagrupación se parecería a un puzle cuyas piezas encajaran mal unas con otras. Durante todo este tiempo, se ha hablado de la guerra de España de forma abstracta, se ha olvidado el nombre de los protagonistas, o no se ha sabido nunca. Había que reconstruir este puzle recordando que esos exiliados tenían una historia, una vida, un pensamiento propio, un rostro".

El film realizado por François Boutonnet evoca la vida de dos personajes fuera de lo común, Jordi Gonzalbo y José Pobla, que han conocido, de niños, la guerra de España, la Retirada, los campos, el exilio. Estos libres herederos de la revolución española, han construido, no obstante, en el sur de Francia una vida rica, creativa, altruista y ejemplar. A pesar del exilio y quizás, incluso, a causa del exilio.

MONTANYA, Xavier y GOMA, Lala, *Granado et Delgado, un crime legal*, documental de 58 minutos emitido primero en la cadena Arte en Francia en 1996, después en la cadena pública española en 1997.

NOTAS

08. «Barcelona, como capital y centro estratégico de la retaguardia republicana, que desde noviembre de 1937 era sede del Gobierno republicano y del Gobierno de Euzkadi, y la mayor industria de guerra, fue la ciudad catalana más afectada por los bombardeos, con cerca de 2.500 víctimas. El 13 de febrero de 1937 sufrió el primer bombardeo, efectuado desde el barco Eugenio de Saboya, y el 16 de marzo el primer bombardeo aéreo. A partir de este momento predominaron claramente los bombardeos aéreos, los cuales incrementarían su frecuencia e intensidad a lo largo de la guerra».

Laia Gallego Vila, *Los bombardeos de Barcelona durante la guerra civil: historiografía y memorialización*, Universidad de Barcelona, 2017

En función de esos elementos, situamos la salida de Jordi y su familia de España poco después de febrero de 1937. [Nota de julio de 2023].

09. Muchas familias exiliadas en Perpiñán fueron ayudadas por Ernest. La foto 4 tomada después de la guerra las reune. [Nota de Myrtille 2025].

10. Cabe pensar, por tanto, que Jordi integró en esta escuela al final de la primavera de 1937. Su Libro de Escolaridad indica que en enero de 1938 estaba en el Curso Preparatorio, primer año, y que estaba clasificado el tercero de cuarenta alumnos.

11. Es curioso como el azar hace bien las cosas a veces. Esta foto aparecida en el periódico local, *L'Indépendant du Midi* el uno de enero de 2008 nos traslada a la liberación de Perpiñán y corrobora lo que escribí en 2002, según lo que había observado 58 años antes. Está todo, el cañón (excepto que cuando yo lo vi, ninguno de los encargados estaba en su sitio), el remolque y el joven con casco en la cabeza y sandalias en los pies. Recuerdos, recuerdos...

12. Juan Esteve Vidal, nacido en 1900 en el *Casc antic*.

13. François Arago (1786-1853). Importante astrónomo, físico y político francés. Una estatua suya en la plaza Arago de Perpiñán lo muestra con el brazo alzado señalando a las estrellas. [Nota de la traductora].

14. Ver nota 1 de Los Gimenólogos, página 151.

15. Ver nota 2 de Los Gimenólogos.

16. Ver nota 3 de Los Gimenólogos.

17. Ver nota 4 de Los Gimenólogos.

18. Ver nota 5 de Los Gimenólogos.

19. Por supuesto que nuestro compromiso contra el franquismo y para «cambiar el mundo» era firme; sin embargo, éramos conscientes de nuestras insuficiencias en muchos campos. Esta insuficiencia fue terriblemente evidente y nos hirió profundamente cuando recibimos en casa una carta de Jorge Conill encarcelado y condenado a muerte. Al principio de la carta, evocaba los detalles de la primera cita en Barcelona, de la forma en que ella (mi compañera) iba vestida, el nombre de nuestra hija muy poco común, en fin, detalles que no se inventaba. Nos informaba que en breve iba a ser transferido a otra cárcel y pedía que la organización interceptara el convoy. Por supuesto, nos apresuramos a hacer llegar la carta a quien estaba destinada, sin mucha esperanza, conscientes de que nosotros (no el grupo, por supuesto, sino la organización en su conjunto) no teníamos los medios para intervenir. Esta constatación terriblemente pesimista y desoladora pecaba de falta de una visión global del problema, y olvidaba que nosotros formábamos parte de un todo, de un conjunto solidario más allá de las fronteras y de las nacionalidades. El secuestro del vicecónsul de España, Isu Elías, el 29 de septiembre de 1962 en Milán, y las manifestaciones importantes que tuvieron lugar en todo el mundo y especialmente en Italia, focalizaron la atención de los medios sobre el asesinato proyectado y pusieron en evidencia que España era y seguía siendo una dictadura, que, no obstante, se vio obligada a conmutar la pena de muerte por cárcel.

Se puede leer el relato detallado del secuestro del vicecónsul hecho por uno de los protagonistas, Amedeo Bertolo, en *L'Anarchisme en personnes, de Patry Laurent y Pucciarelli Mimmo*, Atelier de création libertaire, 2006, pág. 170-180.

Jorge Conill Valls, nacido en Barcelona en 1939, militante de la FIJL desde 1958, salió de la prisión de Burgos en 1972. Convertido en militante del PSUC, asumió cargos de importancia en el comité central antes de ingresar en el Partido socialista. En su edición del 3 de abril de 1998, el periódico *L'Indépendant* de Perpiñán informaba de su muerte ocurrida en Barcelona a la edad de cincuenta y nueve años. (Cf. Iñiguez, 2008, Gurucharri, 2010, pág. 102 & Alberola, 1975, pág. 62-86.)

20. Ver el Anexo B donde aparecen los anversos y reversos de dos números de ese boletín; y ver en la bibliografía la publicación que le fue consagrada por la hija de uno de los redactores: *El Cencerro, boletín humorístico*, 1964-1966.

21. Tomás Ibañez ha redactado en 2024 un texto basado en una serie de «documentos vinculados al Consejo de Guerra celebrado en Barcelona en septiembre de 1962 contra tres jóvenes libertarios implicados en las acciones organizadas por Defensa Interior». Se ha «centrado, por una parte, en las diligencias policiales relativas a la detención de esos compañeros, y, por otra parte, en las declaraciones de Jordi Conill Vall en sede policial ». Ver en bibliografía. [Nota de Myrtille, 2025].

22. Ver nota 6 de Los Gimenólogos.

23. Ver nota 7 de Los Gimenólogos.

24. Eugène-François Vidocq (1775-1857) tras un pasado delictivo será informante de la policía. Después estará al frente de la *Brigade de Sûreté*, antecedente de la Policía Nacional francesa. Introdujo avances en la investigación criminal y se le considera el padre de la Criminología. Su figura inspiró muchos personajes de novelas, películas y cómics. [Nota de la traductora].

25. Ver nota 8 de los Gimenólogos.

26. Para los interesados, se encuentra íntegra en los anexos. *Cf.* Anexo C Circular RG: «Las maquinaciones terroristas de los anarquistas españoles en Francia».

27. Ver nota 9 de Los Gimenólogos.

28. Demos a César lo que es del César: la idea de las octavillas contra el turismo fue desarrollada en el seno del grupo de Perpiñán. Debían ser rigurosamente idénticas, formato, color, texto, diseño, caracteres de imprenta, escritas en varias lenguas, inglés, alemán, francés, español. El objetivo era dar la impresión de que éramos muchos y bien organizados. Es decir, que el turista que partía, por ejemplo, de Noruega en coche podía encontrar la misma octavilla en su parabrisas varias veces a lo largo de su viaje y durante su estancia en Iberia.

29. Ver nota 10 de Los Gimenólogos.

30. Ver nota 11 de Los Gimenólogos.

31. Ver nota 12 de Los Gimenólogos.

32. Ver nota 13 de Los Gimenólogos.

33. Ver nota 14 de Los Gimenólogos.

34. Y de Juan Taberne Aige, su amigo y coacusado que fue condenado en julio de 1942 a 12 años de cárcel.

35. En este proceso, el acta de acusación del 18 de noviembre de 1941 cierra una instrucción iniciada el 15 de febrero de 1941. El acta de acusación del sumario n.º 675 contra José Gonzalbo Benedicto y Juan Taberne Aige formula los cargos siguientes contra José: «Durante el Movimiento Nacional, fue miembro destacado de la FAI y de las Patrullas de Control; participó en asesinatos y huyó a Francia. [...]. No se le puede imponer una pena inferior a 12 años de cárcel».

36. Alusión a Los Gimenólogos.

37. «Los perturbadores del orden», *La Vanguardia* del 20 de diciembre de 1933, pág. 7.

38. *La Vanguardia* del 22 de diciembre de 1933, pág. 8.

39. Muchos militantes de la CNT y de la FAI fueron detenidos después del fracaso de estas insurrecciones, entre ellos Durruti que primero estuvo en la cárcel de Zaragoza y después fue transferido, en febrero de 1934, a la de Burgos con los otros cuatro miembros del Comité nacional revolucionario.

40. *La Vanguardia* del 20 de diciembre de 1933, pág. 7. Esto es en parte corroborado por una breve biografía de "Pepe Mariño" redactada por Anna Monjo, 2003, pág. 496, tras una entrevista con él. Nosotros hemos utilizado estos datos y añadido algunos otros:

Pepe Mariño Carballada nació en Monforte de Lemos (Galicia) en 1914. Su padre era empleado de la compañía telefónica, afiliado a la Acción Católica. A la edad de 14 años, José llega con su familia a Barcelona debido al nuevo destino de su padre. Pero el adolescente rompe con su educación religiosa y con su familia, y empieza a trabajar como aprendiz de fotógrafo en la casa Galí durante un año. Después, trabaja en la metalurgia donde es delegado sindical de taller. De 1930 a 1933, es contratado en la casa Serra como empleado de tintorería (la misma profesión que José Gonzalbo: ¿se conocerían allí?). Detenido en diciembre de 1933 por tenencia de explosivos, «sólo le caen seis meses» de cárcel gracias a la intervención de un magistrado que conocía a su padre. Afiliado a la CNT desde 1930, Pepe participa en las actividades de los Ateneos y de los grupos de la FAI. Pasa a ser miembro de la organización de combate secreta de los Comités de defensa CNT. Acusado de asalto a mano armada (abril de 1935), salvajemente torturado y condenado a 29 años de cárcel, es liberado de la Cárcel Modelo de Barcelona el 19 de julio de 1936 y va inmediatamente a combatir a las Atarazanas junto a Durruti, Francisco Ascaso, Liberto Ros. Marcha al frente donde será herido gravemente delante de Caspe el 25 de julio de 1936; tras su curación, se reúne con Durruti en Madrid en noviembre de 1936. Refugiado en Francia en 1939, participa en la resistencia al nazismo y lucha por la liberación de París en las filas de la división Leclerc y después en los Vosgos y en Alsacia. En septiembre de 1945, cuando se produce la gran escisión del movimiento libertario español, José Mariño se une a los partisanos antifranquistas, opuestos a la CNT «aislacionista-inmovilista» de Esgleas-Montseny. Mariño murió en Toulouse en 2013.

En *Les Fils de la nuit*, Ed. Libertalia, 2016, pp. 566-567, hemos utilizado el testimonio de José Mariño sobre las condiciones de la muerte de Buenaventura Durruti, transmitido por César Martínez Lorenzo. Ver también este trabajo reciente «Nouvelles investigations sur la mort de Durruti et les circonstances de sa venue à Madrid», por Tomás Mera: http://gimenologues.org/spip.php?article861.

41. *La Vanguardia* del 26 de enero de 1934, pág. 10.

42. En la industria textil, probablemente en la zona de Can Tunis para Lucía, quizá en la empresa Prat Vermell dirigida por los hermanos Bertrand Serra.

43. Otra hija, la mayor, murió a temprana edad en circunstancias que no conocemos.

44. En la ciudad del mismo nombre, provincia de Albacete.

45. Según el «Sumario José Gonzalvo [sic] Benedicto del 8 de febrero de 1941 [José Gonzalvo dice que] parte de dicha condena [dos años en enero de 1934] la cumplió en la Cárcel Modelo de esta Capital, y más tarde fue trasladado al penal de Chinchilla, de donde se fugó a los seis meses de haber estado el mismo en unión de seis o siete individuos mas, de los que solamente recuerda el nombre de un tal Juan Soria que sabe de Madrid, y cumplía condena por asuntos sociales. Que después de su fuga del citado penal fue dedetenido nuevamente en Madrid a los doce días, siendo recluido nuevamente en el penal de Chinchilla hasta el diez y seis de febrero del treinta y seis que fue amnistiado». (Archivos del Tribunal Tercero de Barcelona -ad nomen: acta de instrucción redactada después de la detención de José en febrero de 1941 que condujo a su proceso y a su ejecución en octubre de 1942).

Un tal Daniel Soria Vernet, conocido de José Mariño, fue detenido el 10 de abril de 1935 en Barcelona; ¿podría tratarse del fugado de Chinchilla? Pero en su declaración del 10 de febrero de 1941, José manifesta: «que no se ratifica en la declaración que tiene prestado ante la Policía en lo concerniente a que se escapase de la Prisión de Chinchilla, [...] si bien el Soria a que hace referencia en su declaración primera, lo hizo en compañía de otros seis o siete que no recuerda el nombre; siendo incierto así mismo que fuese detenido en Madrid».

(«Sumario José Gonzalvo Benedicto»).

Según la declaración hecha el 4 de febrero de 1941 de Miguel Blanch Bosch, el marido de la dida de Rosas Francisca Matas (ver *infra*), José se fugó de Chinchilla con otros 25 presos, y los guardias hirieron a uno que José curó hasta su restablecimiento.

46. De febrero a julio de 1936 José trabajaba como tintorero en Pla y Mestres, fábrica de aprestos de la calle Pedro IV.

47. En "Sumario José Gonzalvo Benedicto".

48. En realidad, José fue citado en comparecencia por la policía, sin duda a principios de febrero, en la comisaría de la calle Lauria, quedando detenido por haber comprado unas mesitas, que resultaron despues ser producto de un robo. En su declaración del 10 de febrero de 1941, decía trabajar en el garage Lessep [situado en el n° 1 de la plaza Lesseps]. («Sumario José Gonzalvo Benedicto»).

Fue detenido tambien su amigo Juan Taberne Aige, sospechoso del robo de dichos muebles a su patrón. Habiendo comenzado la investigación sobre José en Rosas el 4 de febrero, se deduce que fue citado y detenido unos días antes, o quizá que se le investigaba por su pasado y se le capturó por este asunto de muebles.

49. «Sumario José Gonzalvo Benedicto», documento fechado el 8 de febrero de 1941. Archivos del Tribunal Tercero de Barcelona.

50. [A principios de agosto de 1936, el Comité Central de Milicias Antifascistas (CCMA), que detenía el poder en Barcelona, y cuyo hombre fuerte era Juan García Oliver, creó las Patrullas de Control, una especie de policía revolucionaria que neutralizó las patrullas de hombres armados que habían surgido espontáneamente durante los combates de julio de 1936 por iniciativa de los comités anarquistas de los barrios o de las poblaciones. Las once patrullas de control correspondientes a los once barrios de Barcelona contaban con 700 militantes de la CNT-FAI, de ERC, de UGT y del POUM, y tenían como secretario general al cenetista José Asens Giol. Adquirieron una cierta autonomía y sobrevivieron a la disolución del CCMA. Cf. Guillamón, 2007, págs. 86-93. El hermano de Lucía, Juan Esteve Vidal, era patrullero en el casc antic].

51. Dionisio Eroles Batlló, miembro de la CNT-FAI, fue el jefe de los Servicios de Orden Público —la Jefatura de policía— de la Generalitat desde el 27 de septiembre de 1936 hasta mayo de 1937. Aurelio Fernández, José Asens, Jaime Riera y Eroles tuvieron el control del orden público en Cataluña durante varios meses. Todos sus servicios persiguieron a los fascistas y a la «quinta columna» activos en Cataluña, y disponían de un personal formado, en parte, por hombres de acción de la CNT-FAI. José Gonzalbo fue acusado por un testigo de haber formado parte de «las patrullas denominadas 'Los nanos de Eroles'», que tenían una reputación bastante terrible entre la gente de derechas.

52. Según la relación de los cargos establecidos a partir de las declaraciones de los testigos de Rosas incluidos en el «Sumario José Gonzalvo Benedicto», documento fechado el 8 de febrero de 1941.

53. Goded era el general que dirigió la sublevación militar del 18 de julio en Barcelona. Fue arrestado y fusilado. Esta afirmación es completamente disparatada, pero fue utilizada por la acusación sin ningún complejo.

54. Benito Trull hace esta declaración que incrimina a José pese a que tiene una relación paternal con la hija de este, Montserrat, que volverá a Rosas el 19 de octubre de 1939 a casa de la dida Francisca Matas, gracias a su mediación. Hasta los 18 años, Montserrat será considerada como miembro de la familia Trull, y después de la muerte de este, vivirá en la casa que él le había legado.

Por otra parte, Benito Trull será alcalde de Rosas en 1945 y redactará un informe «sobre la acción de las autoridades durante la dominación roja en esta circunscripción». Archivos de la Causa general, partido judicial Rosas. Documento 0074.

55. En el «Sumario José Gonzalvo Benedicto», los investigadores escriben que José estaba afiliado a la CNT desde 1929 o 1930.

56. Manuel Escorza del Val fue el responsable principal de los Servicios de Investigación de la CNT-FAI. Desde julio de 1936 asumió todas las funciones de policía, de espionaje y de información.

57. Mariano Rodríguez Vázquez, llamado Marianet, fue el secretario nacional de la CNT a partir de noviembre de 1936 y lo fue durante toda la guerra civil.

58. Juan García Oliver era uno de los hombres de acción de la CNT-FAI con Durruti, Ascaso y otros, cuya audacia permitió el fracaso de la sublevación militar en Barcelona. Militante de primera línea, fue uno de los ministros anarquistas de la Generalitat de Cataluña y, después, del gobierno de Madrid.

59. «Los mandamás embusteros no son ni 20 ni 100, sino que son muchísimos más, los que se quedan aquí [en la retaguardia]. Con que ya lo sabes, ni hay Escarzas, ni Basques, ni Oliber, no quiero hablarte de esta gente. Solo te diré que como aquel brabo [alusión a Durruti] que se fué hacia Aragón, no los hay. Según Domenech, me dijo que una vez en fila,me haría bajar en la 24 división [...] me he dejado llevar por el llamamiento del gobierno, y estoy en Hospitalet esperando el día de partida».

La carta fue enviada desde el Campo de Instrucción, N°12, Primera Compañía, Hospitalet de Llobregat.

60. Después de la disolución de la O.J., el 14 de noviembre de 1936, el abogado De Emilio continuó su trabajo hasta enero de 1939 dentro de la Comisión Jurídica de la CNT y de los comités pro presos reactivados en mayo de 1937. Se refugió en Francia en enero de 1939, y después en Bélgica. Volvió a España después de ser indultado en 1946.

61. Después del lamentable fracaso de la operación emprendida por la República española en agosto-septiembre de 1936 para ocupar Mallorca, la isla se convirtió en una base aeronaval vital para Franco. Será durante mucho tiempo la única base en el Mediterráneo de donde partirán aviones y barcos en misiones ofensivas. El 30 de octubre de 1936, el crucero Canarias comienza a bombardear Rosas penetrando en su bahía. Fuente: Martínez Bande, 1989.

62. En el anexo D se encontrarán las biografías de algunas personas y un pequeño dossier sobre Felipe Ratero, con las demás cartas que envió a Lucía.

63. Construcción de madera prefabricada y desmontable, muy utilizada en la 1ª Guerra Mundial. Ideada por el ingeniero militar Auguste Louis Adrian (1859-1933). Aún se utilizaban en los años 70 del siglo XX. [Nota de la traductora].

64. Fuente: Solé i Sabaté, 1985, pág. 382

65. «Montiel Soler José, Cieza (Murcia) 1911, Barcelona, 7-5-1943. Militante CNT, residente en Esplugas de Llobregat; fusilado por el franquismo» (Íñiguez, 2008, pág. 1149). Según Solé i Sabaté, 1985, pág. 382, José Montiel era un jornalero, soltero.

ANEXO FOTOGRÁFICO

Lucía, Jordi y Montserrat. Barcelona 1936.

Jordi, Lucía, Montserrat y el Titi en Font-Romeu.

Montserrat, Lucía y Jordi. Perpiñan 1939. «Photo Ernest»

«La familia Ernest». Ernest està en la segunda fila, al centro, y Jordi sentado al primer plano, al centro.

COURS *Préparatoire 1A.*

Mois de *Janvier 1971.*

Nombre d'absences:
Conduite: *A. Bien*
Leçons: *Bien*
Devoirs: *"*
Compositions: *"*

Rang: *3* sur *40* élèves

OBSERVATIONS DU MAITRE

Bon travail.

Signature des Parents,
Madam Gonzalvo

Académie de Montpellier

DÉPARTEMENT DES PYRÉNÉES-ORIENTALES

Enseignement Primaire

LIVRET SCOLAIRE

de l'Élève *Gonzalvo Georges*

ÉDITÉ AU PROFIT
de
l'Œuvre des Pupilles de l'École Publique

Libro de Escolaridad de Jordi (Recto y verso).

Un momento de la liberación de Perpiñán.

Escuela Voltaire 1939-1940.

Detención de
Jorge Conill.

Octavilla antiturismo de la FIJL.

Delgado y Granado. *Espoir*, 8 septiembre 1963.

Operación policial en 1963.

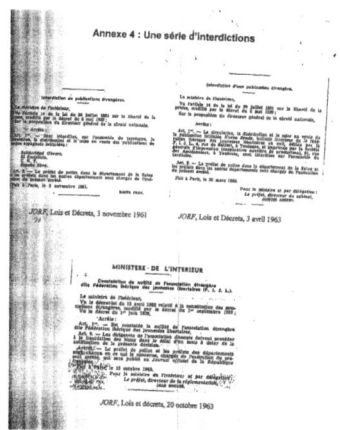

Decreto de prohibición de la FIJL.

Prelado español.

Folleto de la LDH,
julio de 1967.

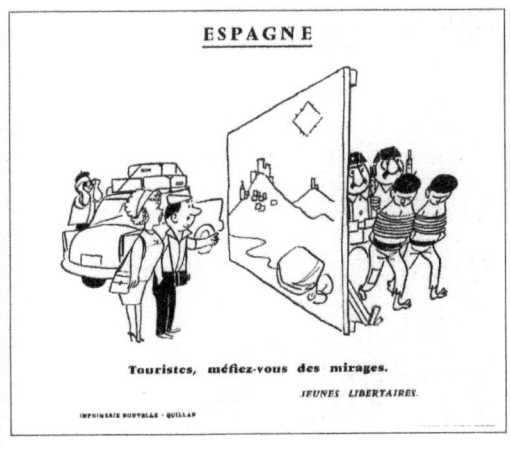

Octavilla antiturismo de la FIJL..

José y Lucía. Barcelona en los años treinta.

La dida Fernanda Vila.

La dida Francisca Matas y su marido en Rosas.

José Gonzalbo y su otra hija en Barcelona en 1940 o 1941.

Jordi con el Titi.

Colonia Aymare, 1954.

Jeanine y Jordi en los años 1950.

ÍNDICE

COLOSSUS
col·lecció
bressol de l'anarquia

TÍTOLS PUBLICATS

| 11 | *Movimiento libertario y educación en España (1901-1939),*
Emili Cortavitarte Carral, 2019.

| 12 | *Mujeres libertarias en Jerez:*
El Sindicato de Emancipación Femenina. Pioneras del feminismo en la ciudad,
Aurore E. Van Echelpoel / Francisco J. Cuevas Noa, 2020.

| 13 | *La matanza del cuartel Carlos Marx,*
Agustín Guillamón, 2020.

| 14 | *Anarquistas en Portugal.*
De los orígenes al congreso obrero de Tomar de 1914,
Miguel Íñiguez, 2020.

| 15 | *La guerra invisible. Moros, afroamericanos y gitanos*
en la Guerra Civil (1936- 1939), Francesc Tur Balaguer, 2020.

| 16 | *Los revolucionarios de Kronstadt, 1921-2021,*
Frank Mintz, 2021.

| 17 | *Memorias de un anarquista rumano,*
Mechel Stanger, 2021.

| 18 | *La insurrección de campesinos de Jerez de 1892,*
Antonio López Estudillo / José Luis Gutiérrez Molina, 2022.

| 19 | *Voltairine de Cleyre. La perla del anarquismo,*
David Martín Sánchez, 2023.

| 20 | *Justicia, moralidad y prisión: una reflexión acerca del castigo,*
Silvia K. Döllerer, 2023.

| 21 | *Obreras anarquistas y sociedad en torno a La Mano Negra.*
Andalucía, fin de siglo,
Ignacio C. Soriano Jiménez, 2024.

| 22 | *La escuela sin dogmas. La comisión proescuelas racionalistas (1935).*
Miguel Á. Martínez Martínez, 2024.

| 23 | *La experiencia autogestionaria durante la Guerra Civil española.*
Luis Buendía García / José Luis Carretero Miramar, 2025.

| 24 | *Itinerarios Barcelona-Perpiñán. Crónicas no autocompasivas de un joven*
libertario en el exilio
Jordi Gonzalbo, 2026.

CALUMNIA

Esta primera edición de
Itinerarios Barcelona-Perpiñán
Crónicas no autocompasivas de un joven libertario en el exilio

de JORDI GONZALBO
se publicó el día 15 de febrero de 2026.